Business

ビジネスエコシステム

概念の理解からデザインの実践まで

INOUE Yuki
井上祐樹
［著］

Ecosystem

千倉書房

はじめに

本書は、これまで筆者が研究してきた「ビジネスエコシステム」に関する研究の知見と成果を集約して、ビジネスエコシステムの概念とメカニズムを理解し、それを体系的に活用できるようにするための一通りのプロセスをまとめたものである。

筆者はこれまで、大学や大学院においてビジネスエコシステムに関する講義を実施してきた。その際、ビジネスエコシステムに関する体系的な教科書は存在しないため、論文やいくつかの代表的な書籍を参考資料として用いてきた。しかしこれらはビジネスエコシステムや関連する概念に精通した経営学者でなければ理解が難しく、課題の提出物を確認するとビジネスエコシステムの概念が正確に伝わっていないと感じることがたびたびあった。これは講義だけでなく、学生の研究指導においても同様である。この概念を正しく理解し研究活動に入るまでにはそれなりの困難が生じ、学生によっては理解を諦めて、研究テーマを変更した者もいた。しかし筆者からすれば、その本質は単純であるのに、それを平易にかつ十分に解説する媒体が無いため、こういった問題が生じているものと常々考えていた。

また、筆者の研究者としてのキャリアはまだ長いものではないが、幸運なことにこれまで、数社の企業から共同研究や学術指導の申し出をいただき、それらの企業が自社技術を基にしてビジネスエコシステムを構築する作業のお手伝いをさせていただいた。その際には、ビジネスエコシステムの概念の説明、技術を基にエコシステムを構築するための方法論の整理、具体的な方法の教授や提案といった事柄に対して、個別の事例に応じて資料を作成してきた。そこでたびたび、「ビジネスエコシステムに関する体系的な勉強をしたいので、何か教科書やマニュアルのような書籍はありませんか」と聞かれることがあった。しかしながら前述のようにこういった要望に対応する書籍はなく、なかなか有効な対応ができずにいた。

本書は、こういった教育上の課題や実務家の要望に応えることを目指したものである。本書の内容は、第Ⅰ部、第Ⅱ部、第Ⅲ部に分かれている。第Ⅰ部「エコシステムの概念とメカニズム」では、ビジネスエコシステムに関連する概念と動作メカニズムに関する説明を、なるべく分かりやすくなるように意識して提供するものである。ここでの内容は、筆者のこれまでのビジネスエコシステムに関する文献調査から得られた知見に基づいている。またその提供目的から、レビュー論文のように、この分野の成り立ちや研究成果を網羅的に説明するものではない。あくまで、「ビジネスエコシステムとは何か、どういうものか」を理解するという点に重きを置いている。

第Ⅱ部「エコシステムの研究実例」では、筆者が筆頭著者として発表したこれまでのビジネスエコシステムに関する4つの研究成果を要約し、提示している。この4つの研究はそれぞれ別の研究アプローチを用いて行われたものであり、研究者や大学院生が新たにビジネスエコシステムの研究を始める際に、具体的な研究のやり方の参考になることを期待したものである。また実務家の読者の方にとっては、エコシステムを分析するうえでの新たな視点を提供できれば幸いに思っている。

第Ⅲ部「エコシステム・ビジネスの検討」では、第Ⅰ部で説明したビジネスエコシステムの概念を体系的に理解するために、一通りのエコシステム・ビジネスのデザインプロセスを体験する演習を提供している。ここでの内容は、これまでの筆者のエコシステムデザインに関する研究成果（第8章で概説）を基にして、より演習課題として活用しやすいように再構成したものである。具体的には、ある特定企業を想定し、その企業が自社の技術を用いて、自社を中心としたエコシステムを構築するための一連の検討事項について考えるものとなっている。この内容は、大学・大学院における講義でビジネスエコシステムを設計する際の演習に使用したり、あるいは実務家が自社でエコシステムを構築することを想定して思考を整理するためのツールとして使用できたりすることを目指したものである。

これまでビジネスエコシステムに興味はあったが、よく分からなくて手を出すのを控えていたという読者の方は、ぜひ本書の内容を基にして、新たなエコシステムの研究や実践の第一歩を踏んでもらいたい。本書をきっかけとして何か新たな価値が生み出されることになれば、著者として本望である。

ビジネスエコシステム

—概念の理解からデザインの実践まで—

目次

目　次

第Ⅰ部　エコシステムの概念とメカニズム

概要

ビジネスエコシステムはもはや一般用語であり、研究界隈においてだけでなく、メディアや企業の広報においても目にする機会が多くある。しかしながら、特に実務界においては、ビジネスエコシステムという言葉の用法が、経営学領域において確立されてきた概念と一致していないことが多い。時には、ただのカッコいい言葉として使用されているだけのこともある。ビジネスエコシステムは決して何にでも適用できるぼんやりした概念ではなく、ビジネスにおいて現れるある特定の形態を指した概念である。これを正しく理解することは、ビジネスエコシステムを分析したり設計したりする際に、より有益な結果を得ることに繋がる。

第Ⅰ部では、ビジネスエコシステムに関する概念とメカニズムを理解するための説明を提供する。第1章「エコシステムとは」では、ビジネスエコシステムとは具体的にどういった概念か、実社会で現れるエコシステムにはどういったものがあるか、たびたび発生するエコシステムに関する間違った理解や用語の乱用について、詳しく解説する。第2章「エコシステムとプラットフォーム」では、ビジネスエコシステムの中心としてたびたび現れるプラットフォームに関する概念説明と、プラットフォームを中心としたエコシステムの在り方についての解説を提供する。第3章「エコシステムとイノベーション」では、ビジネスエコシステムの概念がイノベーションを生み出すことと密接に結びついていること、そしてエコシステムの中でイノベーションが生じるメカニズムを説明する。最後に第4章「エコシステム発展のためのマネジメント」では、エコシステムの発展や衰退に影響する各種メカニズムを紹介し、エコシステムの持続的発展を達成するために注意すべきポイントを解説する。

なお以降、本書ではビジネスエコシステムを、特別な場合を除いてシンプルに「エコシステム」と呼称する。

第1章　エコシステムとは

ニュースや新聞で、ビジネスの文脈での「エコシステム」の単語を見聞きしたことはあるだろうか？本書を手に取っていただけた読者の方は、おそらくこのエコシステムの単語に触れる何らかの機会があり、興味を持っていただいているのではないだろうか。実際に、Google 検索のニュース欄に「ビジネス エコシステム」と入力すれば、約2,760件の多くの記事がヒットする。また、英語で「business ecosystem」と入力すれば、約12万1千件といったさらに多くの記事がヒットする（いずれも2023年5月25日時点）。このように、ビジネス領域におけるエコシステムの概念は、日本だけでなく世界的に大きく注目されている。

このような記事の中で、具体的にどのような文脈でエコシステムの言葉が使用されているのかを紹介する。まず、2019年12月にて日経 XTrend に掲載された「ドラッカー視点で問う、日本企業は世界でエコシステムを作れるか(1)」という記事の一部を紹介する。少々古いものになるが、エコシステムの重要性に関する主張が分かりやすい内容となっている。本記事ではエコシステムの単語を用いて、以下のように登壇者の発言が整理されている。

> *熱心に議論されたことは、エコシステムを「自ら作り出すか、あるいは自社が他社のエコシステムに組み込まれるか」だった。これを構想することは、グローバルな企業経営では不可避の課題と言える。登壇したフューチャリストのエイミー・ウェッブ氏は「もしあなたが自社の未来について考えなければ、あるとき誰かの作ったエコシステムに取り込まれているでしょう」と言う。ハイアールの張瑞敏（チャン・ルエミン）CEO（最高経営責任者）は「組織にとっての最大のリスクは、製品（モノ）に集中すること。モノよりも顧客経験（カスタマー・ジャーニー）を提供し、それの価値を高めるためのエコシステムを構想しなければ、世界から取り残される」と話していた。*

この記事の中では、特にグローバル企業において、自社が中心となってエコシステムを戦略的に構築していくことの重要性が主張されている。他者のエコシステムに取り込まれて生存していくことは1つの企業としての在り方ではあるが、それはあくまで中心となる企業のサポーターとなることを意味し、市場全体におけるリーダーにはもはやなり得ない。すなわち、ある業界においてリーダー的地位を築きたい、維持したい企業ほど、自社を中心としたエコシステムを考えることは重要であると言える。

エコシステムに注目しているのは企業だけではない。大学や政府機関もこの概念に注目しており、いくつものエコシステム関連プロジェクトが立ち上げられている。例えば、内閣府は2020年に「スタートアップ・エコシステム拠点都市」というものを選定している。これは、「世界に伍する日本型のスタートアップ・エコシステムの拠点の形成と発展を支援」し、「スタートアップや支援者の一定の集積と潜在力を有する都市において、地方自治体、大学、民間組織等が策定した拠点形成計画を認定」するもの[2]とのことである。簡単に言えば、特定の地域におけるスタートアップ（起業）が促進されるエコシステムの構築を支援するという趣旨である。この事業に関連して、東京大学・東京工業大学・早稲田大学を主幹機関とした世界を変える大学発スタートアップを育てるプラットフォームとされる「Greater Tokyo Innovation Ecosystem（GTIE：ジータイ）[3]」が2021年に採択[4]され、稼働し始めている。このような起業活動に着目したエコシステムも、近年注目されている。

このように、産学官いずれの分野でも、ビジネスに関連したエコシステムは重要視されてきている。しかし、ここまで紹介した記事や事例においても、エコシステムが持つ意味は１つではないことが分かる。１つ目の記事の事例におけるエコシステムのニュアンスは「ある企業を中心とした企業間ネットワーク」といったものである。一方で２つ目の内閣府ならびに大学の事例では、エコシステムは「地域における起業環境」といったニュアンスである。このように色々なシチュエーションで「エコシステム」の単語が使用されるため、「結局のところエコシステムってなに？」という疑問を抱くこともある。ビジネスにおいてエコシステムが使用されるニュアンスとしては、「自然界のエコシステムはうまく回っているから、そのようにうまく回るようにしよう」というところが１つの答えである。しかし、実際にエコシステムを実現する際においては、「どうやったら、うまく回るのか？」を十分検討してエコシステム構造を設計し、それを実行しなければ、効果的なエコシステムの創出はできない。そのためには、まずはエコシステムとはどのようなものかを、体系立てて理解することが重要である。

エコシステムに関する研究は、主に経営学の分野でこれまで豊富に行われてきており、その知見は積み重なってきている。本章ではビジネスエコシステムの概念の説明を中心として、いくつかのビジネス分野における関連したエコシステム的概念の解説を行う。

1-1……概要と定義

◆ビジネスエコシステムの概念のはじまり

最初期に「ビジネスエコシステム」という言葉が定義されたのは、おそらく1993年に発行された *Harvard Business Review* の Moore による記事（Moore, 1993）である。一方でこの概念が有名になったきっかけの1つは、2004年（訳書は2007年）に発売された「The Keystone Advantage: What the New Dynamics of Business Ecosystems Mean for Strategy, Innovation, and Sustainability」という書籍（Iansiti & Levien, 2004）の出版とそのヒットであると筆者は考える（訳書タイトル：キーストーン戦略 イノベーションを持続させるビジネスエコシステム）。本書の言説は、自然界のエコシステムにおけるキーストーン種という概念に着目し、それをビジネスネットワークに当てはめたものである。キーストーン種とは生態学において、「個体数に比べて特定のエコシステムに非常に大きな影響を与える種」として定義される(5)。これを、市場における（主に）企業間の相互作用ネットワークにおける「ハブ」に当てはめて、キーストーン的役割を果たす企業の重要性を Iansiti らは主張した。本書で紹介されている具体的な対象企業は、マイクロソフトやウォルマートといったものである。

この考え方は、実務家だけでなく研究者らの興味関心を掻き立てるものであった。その後、エコシステムの研究は経営学領域における1つの主要なテーマにまで昇華し、数多くの研究がなされてきた。例えば、世界最大の学術論文検索サイトであるGoogle Scholarで「business ecosystem」と検索すると、約18,000件もの文献がヒットする（2023年５月26日時点）。それでも、エコシステム研究は未だ確かに発展途上であり、様々な観点の数多くの論文が日夜公開され続けている。2023年現在においては、エコシステムは経営学領域で十分に認知された概念となっており、*Strategic Management Journal*や*Journal of Management*をはじめとした世界的トップジャーナルにおいて、少なくない論文が出版されている。

◆近年の有力なエコシステムの定義

エコシステムという単語は、当初は単なるブームの１つであったかもしれない。しかし、これに着目した経営学者たちは、そのエコシステムが指し示すものについて分析を重ねてきた。そしてそれは、これまでの経営学において確立されてきた諸概念（ビジネスネットワーク、価値ネットワーク、価値星座など）ではカバーできない内容を含めており、エコシステムという新概念を経営学分野で確立すべきであることをつきとめた（Autio & Thomas, 2014）。同時に、このエコシステムという概念を何とか定義しようと奮闘してきた。現時点においても研究者によってエコシステムの定義は微妙に異なり、場合によってはきちんと定義されずに使用されることもある。しかしながら、この研究領域における有力な研究者たちが提供した定義は、概ね集約してきていると考えている。

１つの有力な定義は、Thomas & Ritala（2022）によるものである。ここではエコシステムを**「相互依存しているが階層的に独立している異種の参加者のコミュニティで、それらが集合的にエコシステムの価値提案を生み出すもの」**と定義している（Thomas & Ritala, 2022; p.515）。そのままでは意味が理解し辛いと思うので、この定義を要素分解して詳しく解説する。

「相互依存しているが階層的に独立している」

エコシステムの管理者であるハブ企業とエコシステムの外部から参加する参加者（主に企業）は、互いに相互依存し、何らかのネットワーク構造を形づくる。しかし、エコシステムの参加者は、その中心にいるハブ企業と階層関係（ヒエラルキー）にはない。つまり、エコシステムの参加者とハブ企業は上下関係になく、どちらかの命令にどちらかが従うということはない。そのため参加者はエコシステム内で不満や損失があれば、エコシステムから自由に退出できる。

「異種の参加者のコミュニティ」

エコシステムの参加者は一種ではない。少なくとも、ハブ企業、価値の提供者、価値の受益者が参加する。そして、その中にはさらなる多様性が存在している。そして、それらの参加者が協調あるいは競争したりすることができるコミュニティが形成される。

「集合的にエコシステムの価値提案を生み出す」

エコシステムではハブ企業と参加者たちが協力したうえで、価値提案を実現することが前提となる。簡単に言えば、ハブ企業が提供する価値提供の構成要素Aと参加者が提供する構成要素Bの両方が組み合わさることで、エコシステムにおける製品やサービスは成り立つといったものである（ただし、例外が生じるエコシステムの形態もある。例えばテレビゲームエコシステムのハブ企業であるプラットフォーム企業は、自社もゲームソフトウェアをプラットフォームに提供し、自社単独で価値提案の提供を実現できる）。

もう1つの有力な定義は、Jacobides, Cennamo, & Gawer（2018）によるものである。ここでは補完性の観点からエコシステムを定義している。この定義ではエコシステムは、「**価値創造のために特定の構造の関係性とアライメント（連携・協力）の創造を必要とする、非Genericで Unique あるいは Supermodular の補完性を扱わなければならない企業のグループ**」とされている（Jacobides, Cennamo, & Gawer, 2018; p.2263）。この定義の前半部分は Thomas & Ritala のエコシステムの定義とほぼ同義である。一方で後半の補完性の部分については、追加の説明が必要である。

ある製品における、AとBの2つの構成要素の補完関係について考えてみよう。まず「Genericの補完性」とは、AとBは補完関係を持つことができるが、持たなくても元々の価値を発揮できるものと定義される。例えば、水道水とあるコップがあったとき、水道水をそのコップに入れて使用することはできるが、その水道水はそのコップに特化したものではないし、逆もそうである。一方で「Unique の補完性」とは、A は B なしでは機能しないものと定義される（逆もしかり）。例えば、ゲームハードウェアとゲームソフトウェアは、互換性があるように事前に設計したものでないと互いに動作しない。Jacobides らの定義では、より一般的な意味として、A の価値は B により（B' と比べて）最大化されるとも述べられている（Jacobides, Cennamo, & Gawer, 2018)。この補完性は一方向の可能性もあるし、相互に必要としあう双方向性の可能性もある。最後に Supermodular は、より多くの B が A の価値をより高めることとして定義される（逆もしかり）。これは、例えばマッチングアプリと（利用者から見た）参加している異性が当てはまる。男性にとっては、女性の参加者が多いほどマッチングアプリの価値は高まるだろう。図1-1に、これらの補完性の違いのイメージを示す。

三種の補完性の意味を理解したうえで、あらためてエコシステムの定義に戻ってみよう。前述の定義の後半部分には、「生産」と「消費」の両方の側面で、Generic でない、Unique か Supermodular の補完性を扱わなければならないものが、エコシステムであると記載されている。嚙み砕いて言えば、以下の２つの条件を満たすものを、エコシステムとして見なすことになる。

・生産側の参加者（補完者）は価値を生産する際に、ハブ企業が提供する A に対応するように B を生産する必要がある。B は A の規格に準拠しなければ生産できない。
・消費側の参加者（消費者）は価値を受益する際に、ハブ企業が提供する A とともに B を消費する必要がある。A と B は単独で利用できないか、A と B を同時に利用する場合と比べて単独利用は価値が低い。

これらそれぞれの補完性の実ビジネスへの適用範囲については、Jacobides, Cennamo, & Gawer（2018）は論文内において具体例を提供してはいるものの、他の先行研究の定義とは異なる見解の部分もあり、議論の余地がある。具体的

図１－１　補完性のイメージ

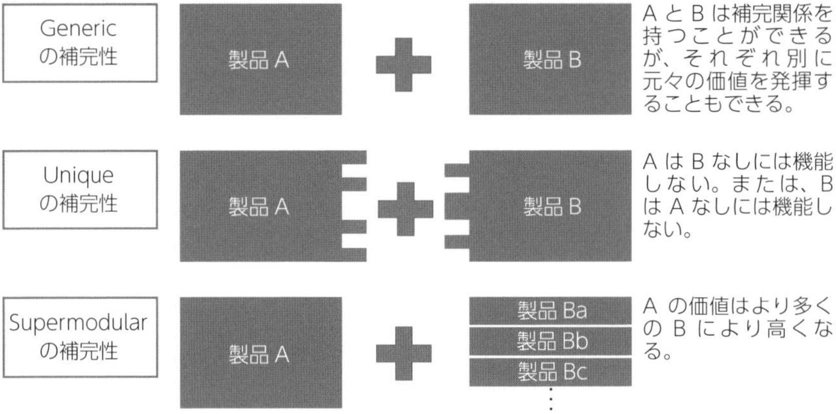

には、「仲介システムを中心とした参加者によるコミュニティを、エコシステムと見なすか否か」である。これについては後述する。

◆本書におけるエコシステムの定義

他にも様々なエコシステムの定義はあるが、筆者はこれまでの研究活動の経験から、エコシステムの意味を理解するには、前述の２つの論文の定義を理解することが重要であると考えている。そのうえで、エコシステム研究を拡大するきっかけとなった Iansiti & Levien（2004）の観点も重要と考えている。そのためこれら２つの定義と Iansiti & Levien（2004）の観点を合わせて、本書では以下の条件を満たすものをエコシステムとして定義する。

1．**ハブ企業（あるいは企業に代わる組織や個人）が存在する。ハブ企業は単独では価値が発揮できない、製品やサービスの構成要素的な「コア」を提供する。**
2．**コアは、ハブ企業と非階層的な関係にあり、かつ自律性を持つ参加者（補完者）により活用される。ここでの自律性とは、コアの利用への参加・撤退を自由に行うことができること、そして参加後の活動がハブ企**

業により制約されないことを意味する（ただし、品質管理等による特定の制約はあり得る）。**補完者と対になる購買者も同様の自律性を持つ。**

3．**補完者はコアを利用することで、それを利用しなければ提供できない補完財の提供が可能になる。そして、コアと補完財**（群）**が組み合わさることで、他で提供することができない集合的な価値提案の実現と、購買者への提供が可能となる**（生産面での非 Generic の補完性）。

4．**購買者は、コアと補完財**（群）**を同時に利用することで、そうしないと受けることができない価値を受益することができる**（消費面での非 Generic の補完性）。

これらの要件を満たす構造のイメージを図1-2に示す。

また、テレビゲームの例を用いて実例を説明する。ハブ企業はテレビゲームハードウェアを提供する企業であり、コアはゲームハードウェアとゲームの開発環境である。補完財はゲームソフトウェアであり、補完者はそれらを提供するソフトウェア開発・提供企業である。ゲームソフトウェアは、そのゲームハードウェアの開発規格に遵守して開発しなければならないため、生産における Unique の補完性の関係性となっている。また、ゲームハードウェアとゲームソフトウェアは同時に利用しなければ「ゲームプレイ」に関する価値提案の消費を実現できないため、消費における Unique の補完性の関係性となっている。

エコシステムにおける参加者の呼称は、研究者や論文によって様々である。本書では前述のように、エコシステムの中心となる企業を「ハブ企業」、補完的な価値（補完財）を提供する参加者を「補完者」、エコシステムで製品・サービスを購入・消費する参加者を「購買者」と呼称する。補足として、ハブ企業の他の呼称としては、キーストーン、中心企業、オーケストレイター、プラットフォーム企業などがある。補完者については、ニッチ、補完財提供者などの呼称がある。購買者については、消費者、顧客、あるいはユーザとも呼ばれる。これは論文によって特に統制なく使用されているだけであり、本質的な意味には違いがないことがほとんどであるので、混乱しないように注意したい。

図1-2　エコシステム・ビジネスの要件を満たす構造

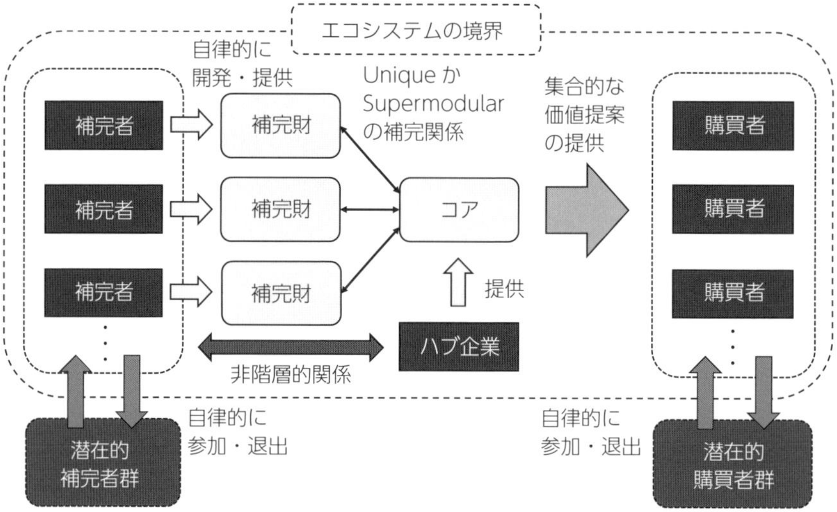

◆「エコシステム」であることとは

前述のように、本書でのエコシステムの定義を定めた。しかし、前述の定義を読む限りにおいては、どういったように「エコシステム」のような挙動が生じるのか、理解は困難である。そのためここでは、自然界のエコシステムの概念を参照しつつ、前述に定義したエコシステムのうえで動作する、ビジネス界のエコシステムのダイナミズムを説明する。

辞書によれば自然界のエコシステム（以下、ビジネスエコシステムと区別して「エコシステム」と記述する）とは例えば、「ある一定の地域で生息しているすべての生物と、その無機的環境とを含めた総合的なシステム(6)」として定義される。あるいは「景観としてまとまりを持つ一定地域内のすべての生物と非生物的環境を、エネルギーの流れ、食物連鎖、物質循環などに着目して、1つの機能系と見なしたもの(7)」とも表現される。前述に定義したエコシステム・ビジネスにおいては、こういったエコシステムと類似した以下のような事象が確認できる。

参加者の多様性と非制限

自然界のエコシステムにおいては、ある領域に参加している個体には基本的に多様性がある。そして、その領域への侵入や退出は、通常は制限されることはない。エコシステムにおいても、参加する企業（補完者）や消費者（購買者）には多様性が想定され、またエコシステムへの参加は一般に制限されない（特定の選別はある場合もあるが）という点で、こういった視点が含まれている（Inoue, 2021）。

自律型システム

エコシステムの個体は、基本的には自律的に動作する。群れによっては特定の統率形態があるかもしれないが、それでも群れ単位で見れば自律的である。ビジネスエコシステムにおいても同様に、エコシステムに参加する企業や消費者は、ハブ企業によって管理されない（Jacobides, Cennamo, & Gawer, 2018）。補完者はハブ企業から特定のガバナンスを受ける場合はあるが、それでも上下関係のある階層的関係にはならない（Jacobides, Cennamo, & Gawer, 2018）。

分散型システムと相互作用

エコシステムでは、食物連鎖で表現されるように、それぞれの個体がエコシステム内で果たす役割や立ち位置が異なり、また個体間の相互作用とそれによる個体間の影響が考慮されている。エコシステムにおいても、少なくともハブ企業と補完者において、購買者に価値提案を提供するうえでの役割が異なると同時に、企業間の相互作用（少なくともハブ企業と補完者間の）が重視されている（Adner, 2017）。

キーストーン種の存在

1-1節にて説明したように、エコシステムでは「個体数に比べて特定のエコシステムに非常に大きな影響を与える種」であるキーストーンが存在している。健全なエコシステムにおいては、ハブ企業がこういったキーストーンとしての役割を果たしていることがある（Iansiti & Levien, 2004）。

環境の視点

前述のエコシステムの定義には、生物群以外にも無機的な環境が考慮に含まれている。確かに、無機的な環境が異なると、そこで生息する生物群の様相は大きく変わる。エコシステムにおいても、市場や産業、あるいは法制度や地域や国の文化に関する、特性や要素から、エコシステムの構成や動作は影響され得る。こういった背後の特性や要素が企業や消費者に及ぼす影響を考えることは、エコシステムの観点における１つの視点と言える（Tsujimoto, et al., 2018）。

動的な変化

エコシステムにおける個体の数や関係性は、個体間の相互作用の結果や、環境の変化によって動的（時間的）に変化する。ビジネスエコシステムにおいても同様に、時間的な発展・衰退や、それによるエコシステム内の構成の変化が考慮されている（Inoue & Tsujimoto, 2018a）。

このように、ビジネスエコシステムの観点は、自然界のエコシステムの観点と多くの共通事項が見られる。前述の要素は、ビジネスエコシステムならびに関連するエコシステム的観点が、「エコシステム」と呼称される所以《ゆえん》と考えることもできる。ただし、ビジネスエコシステムにはあるが自然界のエコシステムには無い要素がいくつか挙げられる。例えばイノベーション（ビジネスにおいては頻繁にイノベーションが生じるが、エコシステムでは安定性や維持が強調される）、成長（ビジネスであるので、参加者それぞれやエコシステム全体の成長が想定される）、知性を持った行動（エコシステムの参加者は人間やその集合体であるため知性があるが、エコシステムの参加者は基本的に非人間の動植物であるため、そこまでの知性がない）といったものである（Iansiti & Levien, 2004）。そのため、ビジネスエコシステムと自然界のエコシステムは、イコールではない点にも注意が必要である。

1–2……エコシステムを生み出す利点とそのデザイン

エコシステムはその構築に成功したとき、ハブ企業に大きなメリットをもたらす可能性がある。企業はそのメリットを獲得するために、エコシステムをデザインし、マネジメントするインセンティブを持つ。ここではこれらについて説明する。

◆企業がエコシステムを生み出すメリット

エコシステムを生み出すメリットに、大きく分けて「革新性」、「拡大可能性」、そして「堅牢性」の3つがある。それぞれについて説明する。

革新性

ハブ企業は社外にコアを提供し、第三者の補完者がそれを活用し、補完財として製品・サービス（またはその構成要素）を市場に提供する。補完者は、ハブ企業や他の多様な補完者と競合関係になる。そのためそれぞれの補完者は生き残りをかけて、自社の独自の経営資源を動員して製品・サービスの開発を試みる（Inoue, 2021）。これによる様々な経営資源のパターンと、数多くの試行錯誤は、補完財レベルでイノベーションが発生する可能性を高める（Gawer & Cusumano, 2014; Inoue, 2021）。このように、エコシステムを構築することは、ハブ企業が提供するコアに基づいた、ハブ企業の能力の限界を超えたイノベーションが市場で生じる可能性をもたらす。

拡大可能性

エコシステムにおける多様性の前提は、補完者により様々な価値がエコシステムに提供されることを意味する。これは、多様なニーズを持つ購買者の需要を満たし、より多くの取引がエコシステムの中で行われることに繋がる（Ceccagnoli, Forman, & Huang, 2012）。つまり、多様な価値が提供されるエコシステムにおいては多様なニーズを持った購買者が参加し、それが新たな補完者を呼

図1－3　エコシステムを生み出すメリットとそれらの相互強化関係

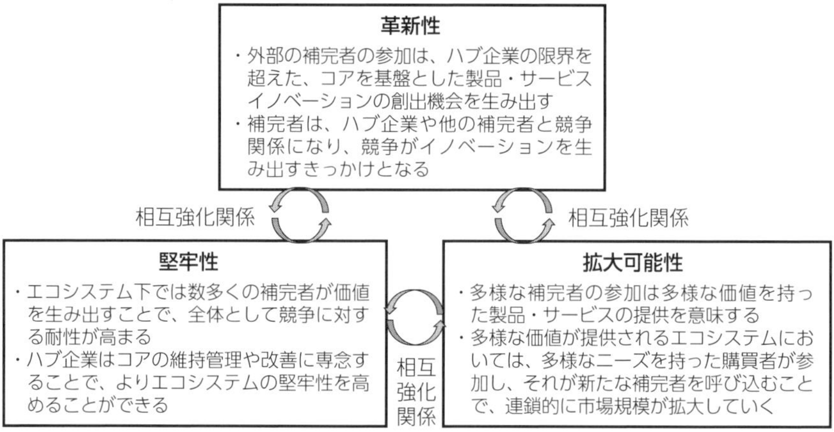

び込むことで、連鎖的に市場規模が拡大していくメカニズムがある（Inoue, 2021）。このように、ハブ企業が自社だけでコアを利用する場合と比較して、エコシステムではコアが利用される事業の規模が大きくなる期待がある。

堅牢性

通常の市場競争では、自社の競争における敗北は事業の縮小や撤退に繋がる可能性がある。しかしながらエコシステムにおいては、補完者が一部でエコシステム外の競合に敗北したとしても、直接的にコアが競争に敗北しない限り、エコシステム全体は堅牢である（Iansiti & Levien, 2004）。また、ハブ企業はエコシステムを構築することでコアとエコシステムの管理者としての事業に専念でき、コアの価値を高めることでエコシステムの堅牢性をさらに高めることができる。

3つのメリットの相互強化関係

図1-3に示すように、これら3つのメリットは、互いに相互強化し合う関係にある。革新性の担保は、拡大可能性の根拠となり、それによるより多くの補完者の参加は堅牢性をより高める。拡大可能性が確保されれば、より多くの参

加者により革新性が高められ、革新的な価値の増加は堅牢性を高める。堅牢性が高ければエコシステムの持続可能性が高まり、補完者は革新的な補完財を生み出すための取り組みを行う機会が増え、継続的に拡大可能性が維持される。一方で、いずれかが機能不全となるエコシステムは、他の要素をも機能不全に導いてしまう可能性がある。そのため、ハブ企業はいずれかが損なわれないように、エコシステムの管理において注意を払う必要がある。

◆エコシステムデザイン

前述の利点を得るために、自社が中心としたエコシステム構造を設計することはエコシステムデザインと呼ばれ、数少ない試みながら、研究がなされている（Inoue et al., 2023; Tsujimoto et al., 2018）。エコシステムをデザインするということは、①自社の資源を元にエコシステムのコアを設計する、②補完財を定義して、コアを活用してそれを提供してくれる補完者を定義する、③コアと補完財を購買する購買者を検討する、④補完者と購買者が接続でき、自律的に取引を行って市場を発展させていく仕組みをつくる、といった事項に対処することになる（Inoue et al., 2023）。このようにしてエコシステムをデザインしたうえで、ハブ企業は第 4 章で説明するような事項を意識しながら、エコシステムを管理して拡大させていくことになる。

エコシステムをデザインするうえで重要な点は、エコシステムと補完者は共生関係にあり、そして共進化する関係にあることである。エコシステムにおける価値提案は複数の参加者によって統合的に行われ、それに伴い参加者間における共進化現象が生じる。図1-4は、通常のビジネス形態と、エコシステムにおけるビジネス形態の違いを示すものである。

通常のビジネス形態においては、ある企業は自社や関連する企業とともにある価値を形づくり、それを購買者に価値提案として提供する。そして、競合する企業もまた同様に協力関係にある企業とともに価値提案を提供する。エコシステムのビジネス形態においては、ある企業がエコシステムにおけるハブの役割を果たし、コアとなるものを提供する。補完者となる企業はそのコアを活用して、エコシステムにおける価値提案の構成要素として補完財を提供する。こ

図1－4　通常のビジネス形態とエコシステムにおけるビジネス形態の差異

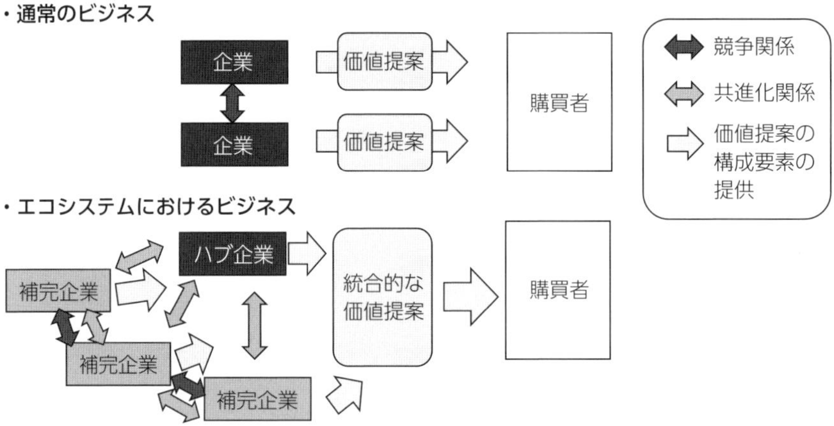

の補完財はコアとともに集合的な価値提案を形づくり、市場に提供される。このように、ハブ企業と補完者は共進化の関係性となる。

同時に、補完者同士も一定の共進化関係を持つ。エコシステムにおける補完者はハブ企業と階層関係にないため、補完者は原則として自由に互いに競争を行い、自己の利益を追求する。一方で、補完者は共通してエコシステムにおけるコアを活用した補完財の開発を行うことになる。そのため、コアがより大きな価値を生む活用方法は、補完者間で見出され共有される。また、購買者はそのエコシステムに一度参加したうえで、補完者と取引を行う。したがって、エコシステムにおける購買者は、補完者群にとっては共有財産であるとの見方もできる。こういった点において、補完者間は競争関係にありつつも、共進化関係にもあると見なすことができる。

ハブ企業と補完者が共進化関係となるうえでは、必ずしもハブ企業と補完者のエコシステムを生み出す・参加する目的が同一であることは必要とはされない。ただし、ハブ企業がエコシステムを通して購買者に提供したい価値提案に関する、ハブ企業と補完者の間の一貫性は必要である。ハブ企業はエコシステムを管理するうえで、補完者がハブ企業の意図する価値提案に一貫した価値の構成要素を提供することでエコシステムにおける役割を果たし、かつエコシステム内で持続可能であるように、エコシステムをマネジメントする必要がある（Adner, 2017; Inoue & Tsujimoto, 2018a）。

1-3……エコシステムを形づくるビジネスの例

ここでは現実に触れることが多いと思われるエコシステムを形づくるビジネスの例をいくつか紹介する。これらはあくまで例であり、ここで示した製品やサービスにエコシステムの可能性は留まらないことを付記しておく。

◆テレビゲーム

前述のようにテレビゲームは、代表的なエコシステムを形づくるビジネスの例である。コアはゲームハードウェアおよびその開発環境、補完者はゲームソフトウェア開発・提供企業、購買者はゲームプレイヤーである。ゲームソフト提供企業は、ハードウェアの開発環境を活用してゲームソフトを開発し、ゲームプレイヤーはハードウェアとソフトウェアを購入する。多様なゲーム開発企業が参入し、多様な購買者がゲームを購入することで、エコシステムは発展していく。

◆スマートフォンとアプリケーション

スマートフォンとアプリケーションもまた、エコシステムを形づくる代表的なビジネスである。コアはスマートフォンハードウェアとアプリケーションの開発環境、補完者はアプリケーション開発・提供企業、購買者はスマートフォン利用者である。エコシステム構造は、テレビゲームのものと概ね同様であるが、ビジネスモデルがテレビゲームでは売り切り型が主流なのに対して、スマートフォンアプリケーションにおいてはフリーミアムや広告といった継続型が主流な点に違いがある。そのため、補完者によるビジネスモデルに差異が生じてくる。

◆パーソナルコンピュータ（PC）

PC を中心としたビジネスも、エコシステムを形づくる。構造はテレビゲームとほぼ同様であるが、このエコシステムはその中で様々なエコシステムを生み出すことができるという、「エコシステムの基盤のためのエコシステム」という役割を持っていることが特徴である。例えば以下に示すインターネットゲームや SNS に関連するエコシステムは、この PC エコシステムの中で動作するものである。

◆インターネットゲーム

インターネットゲームのエコシステムとしての基本的構造はテレビゲームと同様であるが、一部違った特徴的な要素を持つ。これは、Mod という拡張機能の存在である。Mod とは Modification の略でゲームのプレイヤーが自身で開発する拡張機能のことである。Mod を提供するプラットフォームの代表例は、Valve 社が提供する Steam である。Steam は、オンラインで PC ゲームを販売・購入できる場を提供するとともに、そこで発売されるゲームの Mod を、ユーザから自主的に現れる開発者が自由に開発して提供できる場を提供している。そのため Steam では、Steam プラットフォームを中心としたエコシステムの内部に、インターネットゲームエコシステムの補完財となるゲームをコアとしたエコシステムが多数形成されている。このようにして、ゲームの更なる価値向上の機会が提供されている。

◆ EC プラットフォーム

EC プラットフォームの代表例は、Amazon.com や（日本では）楽天市場といったものである。これらは、製品・サービスをオンラインで販売したい補完者と、オンラインで購入して自宅まで届けてほしい購買者とを仲介することで、エコシステムを形づくっている。なお、EC プラットフォームを中心としたコミュニティをエコシステムと見なすかは、研究者の間でも議論がある。具体的には、ECプラットフォームと、そこで仲介される製品・サービスとの間での、生産・消費の補完性を、非Genericと見なせるか否かで議論が分かれている。つまり、「ECプラットフォームで購入できる製品・サービスは他でも購入できるのでGenericである」という見方と、ECプラットフォームを介して製品・サービスを購入することは、購入時の体験や自宅までの配送を含めて、ここでしか得られない価値提案が生産・消費されているので、Uniqueである」という見方の両方がある。ここでは後者の視点に立って、エコシステムとして見なした場合の説明を提供している。

◆シェアリングエコノミープラットフォーム

近年数多く登場してきた、シェアリングエコノミーに関するプラットフォームもまたエコシステムを形成する。国内で馴染み深い代表的な例としては、メルカリ、Airbnb、ココナラなどがある。これらはいずれも、通常は製品・サービスを提供する手段がない人々と、それを購買する手段がない人々をマッチングする仕組みを、プラットフォームとして提供している。つまりこれらのプラットフォームでは、多くは企業ではなく個々人がエコシステムの補完者としての役割を果たしている。

◆ソーシャルネットワーキングサービス（SNS）

SNSもまたエコシステムを形成する。このエコシステムのコアはSNSに関するシステムであり、補完者はSNSに投稿を行う人、補完財は投稿されたコンテンツである。購買者はそれを閲覧して、コンテンツを消費する人である。購買者は直接何かを買うわけではないが、広告を閲覧することで、間接的に購買行動を行っていると言える。また、このエコシステムにおけるイノベーションは、「革新的で閲覧者の興味を引く投稿内容」と考えることができる。「バズる」という現象は、その発生を求める投稿者のインセンティブとなっており、投稿者がより洗練された新しい内容を考えるための１つのモチベーションとなっていると考える。

◆オンライン動画プラットフォーム

YouTubeをはじめとするオンライン動画プラットフォームもまたエコシステムを形成する。ここでの補完者は動画投稿者で、購買者はそれを視聴する人たちである。ハブ企業としてのビジネスの形態は、動画に広告を埋め込むことで収益化するというものが一般的である。動画投稿者には広告費の一部を分け前として与えることで、インセンティブを与える場合もある。視聴者においては金銭面では利用は無料で、広告を視聴することで対価を支払う形式が基本的である。ただし、視聴者にとってプラットフォームの価値が高まるにつれて、視聴者がプラットフォームの定額利用料を支払うという形態も主流になってきている。また、視聴者が動画投稿者に直接金銭を提供する投げ銭システムも一般的になってきている。このような、「より視聴される動画を提供したり、固定的なファンを獲得したりすることで大きな対価が得られる」という仕組みは、補完者である動画投稿者の継続的な試行錯誤を促し、高品質で革新的な動画コンテンツの発生を促進していると言える。

◆二次創作市場

一部のコンテンツ産業においては、それを愛好する人たちによって二次創作が行われることで、そのコンテンツをコアとしたエコシステムの形成が行われる。いわゆるオタク向けの同人作品市場はその代表例である。ここでは代表的なものとして「東方Project」を挙げる。東方Projectそのものは、ZUNによって提供されている弾幕シューティングゲームを中心とした作品群を指す。本作品群の世界観、キャラクター、BGMといった要素に触発されたファンたちは、ゲーム、音楽、漫画、動画など様々な媒体で同人作品を提供し、それを消費する人たちとともにエコシステムを形成している。東方Projectの二次創作ガイドライン[(8)]においては、収益化に関する制限はあるものの、基本的には自由な二次創作が許されており、これが多様な同人作品の出現を促している。

同人作品以外の例としては、ゲームの実況動画を YouTube 等の動画投稿プラットフォームに投稿するというものがある。エコシステム構造としては、前述した同人作品の例と同様である。こういった実況動画に関して、以前はゲーム企業は黙認するといったグレーな領域であったが、近年においてはゲーム企業自身がガイドラインを設定し、その範囲内において許容する動きも出てきている。例えば任天堂は、「ネットワークサービスにおける任天堂の著作物の利用に関するガイドライン(9)」を2018年に公開し、特定の条件下における実況動画の投稿を公式に認めている。

◆資格試験市場

特定の資格試験は、エコシステムを生み出していると考えられる。この構造は、前述した二次創作市場に似ている。ここでのコアは資格試験のサービスとコンテンツであり、補完財はそれに関する教材群（セミナー等の活動も含む）、補完者はそれを作成・販売する企業や人々である。例えば英語の資格試験として有名な TOEIC を挙げると、TOEIC の運営会社である一般財団法人国際ビジネスコミュニケーション協会が出している公式問題集以外にも、様々な企業や個人が関連する問題集を出版している。また、Z 会をはじめとする教育事業者が TOEIC の点数向上のための教育プログラムを提供していたり、あるいは YouTube で動画検索をしてみると、数多くの動画制作者が TOEIC 対策の動画を提供したりしている。このように、社会から広く支持されている資格試験においては、その周囲にエコシステムが形成されるパターンが見受けられる。

1-4……様々なエコシステム的概念

経営学の分野においては、「ビジネスエコシステム」以外にもいくつかのエコシステムの単語が使われた概念が存在し、それぞれに対して研究が進められている。これらの概念には様々な研究者が考案した定義が存在するが、ここでは一例を紹介していく。

1つ目は、「プラットフォームエコシステム」である。プラットフォームエコシステムは、プラットフォームを基盤として形成されるエコシステムを指している（Gawer 2014; Thomas, Autio & Gann, 2014)。つまり、ここでのエコシステムの定義は前述したものと同様であるが、その中心にはハードウェアやWeb サービスとしての「プラットフォーム」が存在し、そのプラットフォームを中心として形成される市場に注目する。プラットフォームエコシステムは、プラットフォームを中心としないエコシステムと比べて、エコシステムにおける構成要素や構成メンバーの種類が少なく、構造が単純な場合が多い。具体的には、プラットフォームとそれに内蔵されるコアを中心として、周囲に補完者と購買者が円形に配置されるような構造になる。

2つ目は、「イノベーションエコシステム」である。イノベーションエコシステムは、ある特定のイノベーションを生み出すことに焦点を当てたエコシステムである。例えば「整合的な顧客ソリューションを創造する、企業間の提供物の統合体」(Adner, 2006; p.98) といった定義がなされる。つまり、あるイノベーションを生み出すために複数の企業が協力して、提供物を統合する関係性をエコシステムと見なすのがこの概念である。ただし、近年においてはここまで説明したエコシステムの概念に統合されて解釈される場合もあるこれは前述のように、エコシステムの概念自体がイノベーションに着目しているためである。そのため、ビジネスエコシステムやプラットフォームエコシステムも、イノベーションエコシステムとしての構造を持つ場合がある。またイノベーションエコシステムは、次に説明する起業に関するエコシステムと同義で使用されることもある。

3つ目は、「アントレプレナリアル（企業家的／起業家的）エコシステム」である。これは「スタートアップ・エコシステム」や「イノベーションエコシステム」とも呼ばれることがある。この定義は例えば、「特定の領域内での、生産的な企業家精神を可能にするように調整された、独立したアクター・要素の集合」(Stam & Spigel, 2016) と表現される。端的に言えば、ある地域を指定して特定の仕組みを導入し、それによって起業活動が活発化する様をエコシステムとして見なすものである。

4つ目は、「デジタルエコシステム」である。このエコシステムの概念は前述した3つとは視点が大きく異なり、Webの世界をエコシステムと見なす考え方である。その定義は例えば、「クライアントサーバー、ピアトゥーピア、グリッド、ウェブサービスらの脆弱性に取り組むための、新たなネットワーク化された構造かつ協動的環境」(Boley & Chang, 2007) と表現される。

最後の5つ目は、「サービスエコシステム」である。この概念はより顧客に焦点を置いたもので、経営学ではなく商学(マーケティング)発のものであり、背景として「サービス・ドミナント・ロジック」という考え方に基づいている。その定義は、「共有された制度的取り決めとサービス交換を通した相互価値創造によって結合される、資源統合アクターの比較的自己充足的・自己調整的なシステム」(Vargo & Lusch, 2016; p.5) と表現される。この概念を正確に理解するには、サービス・ドミナント・ロジックへの深い理解が必要不可欠であり、それは本書の範囲外であるため、ここでは深入りすることを避けておく。

これらのエコシステムの概念は、主に研究されている領域が大なり小なり異なる。ビジネスエコシステムは主に、経営戦略分野や技術経営分野で研究されている。プラットフォームエコシステムはこれらに加えて、経営情報分野の分野でも取り扱われる。イノベーションエコシステムは基本的にはビジネスエコシステムと同様の領域で研究される。アントレプレナリアルエコシステムは、その名のとおりアントレプレナーシップ分野での研究が活発である。デジタルエコシステムは、経営戦略や技術経営分野よりも、経営情報分野でよく扱われる。サービスエコシステムは商学分野に主な研究基盤がある。

これらエコシステムの概念は、いずれもビジネスエコシステムの発想から派生したものであるが、それぞれが独自の発達を遂げていることもあり、すべてを統合的に理解することは難しい。そのため本書では焦点を絞り、ビジネスエコシステムと、(プレーンな) エコシステムと概念基盤を共有する、プラットフォームエコシステムの概念を中心に話を進める。また、一部においては、イノベーションエコシステムの概念も説明に含める。アントレプレナリアルエコシステム、デジタルエコシステム、サービスエコシステムについては明示的にここから説明する内容には含まれないが、エコシステムの複雑性と相互作用をマネジメントするという点では共通しているため、この種のエコシステムの構築を検討するうえでも、本書の内容は一部において役に立つ可能性があると考えている。

1-5……乱用と誤解

エコシステムは語感がよく、使いやすいということもあり、研究者・実務家双方において、多くの乱用や誤解が見られる。ここではエコシステムに関する理解を促進するために、特によく見られる乱用や誤解について説明する。

◆ビジネスエコシステムは「エコ」ビジネスと無関係である

ビジネスエコシステムは、いわゆる「エコ」つまり「自然環境保全」とは無関係である。ビジネスエコシステムと聞くと、自然界のエコシステムに関するビジネスや、環境に良いビジネスが連想される場合があるが、これは誤りである。もちろん、エコビジネスに関するビジネスエコシステムの構築は可能である。しかし、ビジネスエコシステムはあくまで経営戦略や技術経営に関するビジネス構造に関する概念であり、そこに環境保全的な要素はない。時には、生態学や環境学からメタファーとしていくつかの用語を持ってくることはあるが(例えば、キーストーンや共生関係など)、環境保全に関する意味は含んでいない。あくまでビジネスエコシステムは、自然界のエコシステムのようなビジネス構造を構築することであり、エコビジネスとの混同には注意したい。また、生態学や環境学分野で扱われている「エコシステム・サービス」や「サーキュラー・エコノミー」といった概念も、ビジネスエコシステムとは無関係である。これらもビジネスエコシステムと混同することが無いようにしたい。

◆企業間ネットワークやサプライチェーンは（必ずしも）エコシステムではない

これは、記事や論文でもたびたび目にすることのある誤解である。要は企業間の取引関係ネットワークやサプライチェーンを、押し並べてエコシステムと表現するものである。経営学分野においても、エコシステム研究が未発達だった時期においてはこういった扱いが見られた。しかし、現在においてはエコシステムの概念と既存の企業間ネットワークとの概念の違いについて検討・整理した研究もなされてきており（Autio & Thomas, 2014)、こういった混同は少なくなってきている。確かに、エコシステムの概念には企業間関係やネットワーク構造が含まれる。しかしあくまで、1-1節と1-2節で説明した特定のビジネス構造がエコシステムと呼ばれるものであり、「繋がっていれば全部エコシステム」という見方は間違いである。特に、サプライチェーンは参加企業が限定的かつ階層性があるため自律性の原則を満たさず、通常エコシステムにはなり得ない。これらとエコシステムとを混同することのデメリットは、エコシステムを構築したい場合に、ただそれっぽい企業間の関係性をつくって終わり、という状況になってしまうことである。そのようになってしまっては、1-2節で説明したエコシステムを構築するメリットを享受することはできない。

◆エコシステムは自然と生まれるものではあるが、それを期待することは正しいとは言えない

エコシステムはハブ企業が意図していなくても勝手に生まれる場合もあるし、またハブ企業が戦略的にエコシステムを生み出すことに成功した場合においても、その成功には偶然性が多分に含まれる。しかしそういった前例を参考にして、エコシステムを生み出す過程をあまり考えない場合が散見される。これは、よく考えずに通常のビジネスをやってみるのと同じことであり、分が悪いギャンブルをするようなものである。さらにエコシステムは通常のビジネスより複雑なため、成功確率はさらに下がることが想定される。エコシステムを生み出すためには、エコシステムの概念を理解したうえでエコシステム構造を検討し、成功のための戦略を練って、それを実行するべきである。

◆エコシステムの可能性は現在出現している形態に限られない

1-3節において、筆者はいくつかの実在するエコシステムの例を紹介した。これらを見ると、その多くはハードウェア・ソフトウェア産業、プラット

フォーム・ビジネス、そしてコンテンツ産業に偏っているように感じられるかもしれない。これは事実であり、またこれら産業やビジネスセクターは、エコシステムが構成されることと相性がいい性質を持っている。具体的には、エコシステムのコアが明確で、補完者はそれを活用して多様性を確保しやすく、差別化を訴求しやすいといった性質がある。しかし、エコシステムの概念の本質は、あくまでここまで説明した「構造的部分」にある。そのため、現在エコシステムが出現してない領域でも、今後エコシステムが生み出される余地はある。そしてこれを実現する挑戦的な企業の試みは、イノベーション活動の一種になる。

◆ハブ企業はエコシステムを管理しなくてもいいわけはではいが、管理しすぎてもいけない

エコシステムでは参加者たちの自律性が強調され、それによって生まれる利益からハブ企業は恩恵を得ることができる。しかしながら、参加者に完全な自由を許してエコシステムの管理を放棄するということは、購買者が許容できない低品質な商品の提供が増加するといったトラブルを生じさせる場合がある。これを避けるために、補完者側と購買者側の両方に明確な利用規約を設定したり、提供物への品質管理基準やチェック機能を設定したりするとともに、エコシステムの健全性を阻害する参加者に対しては適切に対処していく必要がある（詳細は第４章で説明）。

一方で、ハブ企業が参加者を過度に管理している状態は、エコシステムをエコシステム足り得ない状態としてしまう。エコシステムの参加者はあくまで自律的であり、それにより補完者によるイノベーション創出の可能性が生まれるとともに、購買者からは多様な特性を持った商品への需要が生じる。ハブ企業が過度に参加者を管理することは、こういった可能性を潰すことになる。特に補完者とは、最終的にただの委託と下請の関係になり、エコシステムはサプライチェーン関係へと（悪い意味で）変わっていくことになりかねない。

（1） 日経 XTrend「ドラッカー視点で問う、日本企業は世界でエコシステムを作れるか」（https://xtrend.nikkei.com/atcl/contents/watch/00013/00766/）2023年2月27日アクセス。
（2） 内閣府「スタートアップ・エコシステム拠点都市の選定について」（https://www8.cao.go.jp/cstp/stmain/20200714.html）2023年2月27日アクセス。
（3） GTIE「実施体制」（https://gtie.jp/team/）2023年2月27日アクセス。
（4） 東京工業大学「東工大主幹の提案がJSTのSTARTスタートアップ・エコシステム形成支援に採択」（https://www.titech.ac.jp/news/2021/062168）2023年2月27日アクセス。
（5） Biology Dictionary, Keystone Species（https://biologydictionary.net/keystone-species/）2023年3月24日アクセス。
（6） 日本大百科全書（ニッポニカ）（https://kotobank.jp/word/%E7%94%9F%E6%85%8B%E7%B3%BB-86171#E7.9F.A5.E6.81.B5.E8.94.B5）2023年5月23日アクセス。
（7） 百科事典マイペディア（https://kotobank.jp/word/%E7%94%9F%E6%85%8B%E7%B3%BB-86171#E7.9F.A5.E6.81.B5.E8.94.B5）2023年5月23日アクセス。
（8） 東方よもやまニュース「東方Projectの二次創作ガイドライン」（https://touhou-project.news/guideline/）2023年6月1日アクセス。
（9） 任天堂「ネットワークサービスにおける任天堂の著作物の利用に関するガイドライン」（https://www.nintendo.co.jp/networkservice_guideline/ja/index.html）2023年3月28日アクセス。

第2章 エコシステムとプラットフォーム

1-3節で事例を示したように、エコシステムの中心にプラットフォームが位置付けられるパターンは多くある。エコシステムにおけるプラットフォームは、ハブ企業がコアとともに、エコシステム内での特定のやり取りや業務を効率化する特定の意図を持って、提供することができる。プラットフォームがなくてもエコシステムは構築できるが、ハブ企業がプラットフォームを構築して利用することで、参加者に様々なメリットを提供することができる。例えば、ハブ企業はプラットフォームとしてコアや仕組みを標準化して整備することで、補完者が提供する補完財の開発・提供の仕組みを標準化することで、補完者の補完財開発を支援することができる。また、補完者・購買者のエコシステム参加の仕組みや相互作用の仕組みを提供したりすることで、エコシステムの拡大を促進することもできる。プラットフォームが関連したエコシステムは、その起点や全体像が見渡しやすく、メカニズムを理解しやすいため、ハブ企業としてエコシステムを管理するうえでも有効性を持つ。本章ではこれらを踏まえて、プラットフォームエコシステムについてより詳しい説明を提供する。また、理解を深めるために、プラットフォームエコシステムの概念の基盤となる2つのプラットフォーム概念である、「内部プラットフォーム」と「仲介プラットフォーム」についてもはじめに説明する。

2-1……内部プラットフォーム

内部プラットフォームは、製品ファミリプラットフォームや製品プラットフォームとも呼ばれる（Thomas, Autio & Gann, 2014）。このプラットフォームは「製品ファミリ内のすべてのメンバーにとって共通のコア技術」と定義され、プラットフォームは派生製品に共通の技術的基盤となるアーキテクチャを提供する（Meyer & Lopez, 1995; Meyer & Seliger, 1998）。このイメージを図2-1に示す。端的に言えば、今後開発するだろう多数の製品にわたって使い回しができるように事前に設計された構成要素を、プラットフォームと呼称するものである。この概念は後述する仲介プラットフォームの概念と比較して、「工学設計的」と表現される（Gawer, 2014）。

図2－1　内部プラットフォームのイメージ

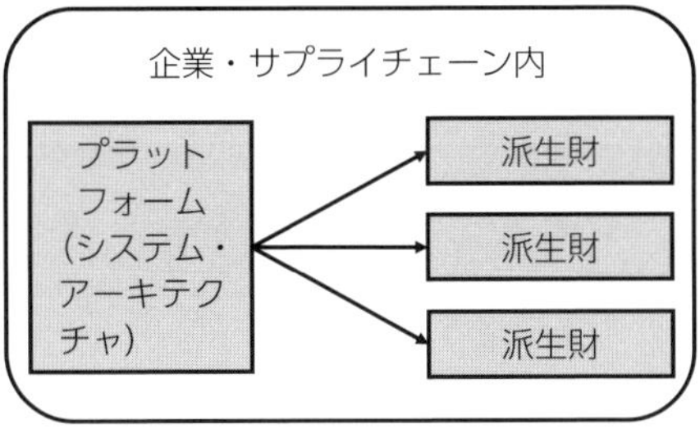

注：井上・竹中（2020）より一部改変。

内部プラットフォームを活用することは企業に利点をもたらす。構成要素と生産プロセスとしてのプラットフォームを製品ファミリにわたって共有することで、企業は製品を効率的に差別化し、製造プロセスの柔軟性と応答性を増加させ、差別化された製品を効率的に開発できるようになる（Robertson & Ulrich, 1998）。また、企業は新製品開発に関連するリードタイムの短縮が可能となり（Muffatto & Roveda, 2000）、製品設計・開発に投資におけるレバレッジ効果を高めることができる（Krishnan & Gupta, 2001）。結果的に、一度に1つの製品のみを開発する競合から市場シェアを獲得できる（Robertson & Ulrich, 1998）。

このような内部プラットフォームの事例としては、自動車産業や（Thomas, Autio & Gann, 2014）、消費者家電などが挙げられている（Gawer & Cusumano, 2014）。これらの製品では、複数の製品にわたって共通で利用できるプラットフォームを用意することで、優れた派生製品を効率的に製造することが可能となっている。結果的に、こういった内部プラットフォームを活用する企業では、内部プラットフォームにあたる部分の構成要素を逐一設計する分の資源を削減し、それをイノベーション活動に回すことで、イノベーションの発生が促進される。なお、この種のプラットフォームがサプライチェーンにわたって使用される場合には、「サプライチェーンプラットフォーム」と呼称される場合もある（Gawer, 2014）。

図2-2　仲介プラットフォームのイメージ

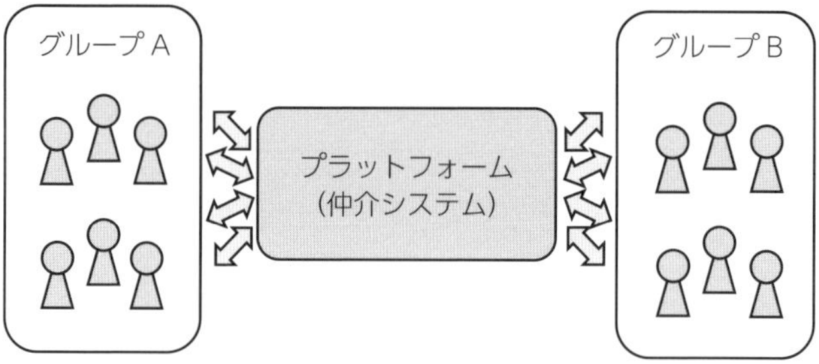

注：井上・竹中（2020）より一部改変。

2-2……仲介プラットフォーム

仲介プラットフォームは、マルチサイドプラットフォームとも呼ばれる。これは、市場における複数のグループの参加者を仲介する役割を果たすシステムを、プラットフォームと呼ぶものである（Rochet & Tirole, 2003; 2006）。つまり、互いに関係を持ちたい人や企業を結び付ける場を、この種のプラットフォームは提供する。このイメージを図2-2に示す。この概念は内部プラットフォームの概念と対比して、「産業経済学的」と表現される（Gawer, 2014）。

このような市場仲介プラットフォームの研究では、ネットワーク効果（ネットワーク外部性とも呼ばれる）の存在が重視されてきた。ネットワーク効果には２つの種類が存在し、直接ネットワーク効果と間接ネットワーク効果と呼称されている。

直接ネットワーク効果は、あるグループがプラットフォームに加わることから受ける便益がそのグループの規模に依存することを意味する（Katz & Shapiro, 1985）。電話のような遠距離通信ネットワークはその代表例である（Katz & Shapiro, 1985）。直接ネットワーク効果が働くかどうかは、そのプラットフォームの機能や役割に依存する。例えば、電話やスカイプは利用者間での直接ネットワーク効果を生じさせる一方で（Gawer, 2014）、テレビゲームハードウェアの利用者間での直接ネットワーク効果は分析において無視できるレベルで小さいと捉えられる（Zhu & Iansiti, 2012）。

間接ネットワーク効果は、あるグループの便益がプラットフォームを介して存在する他のグループの規模に依存することを意味する（Armstrong, 2006）。また、その効果が相互に作用することを前提とする（Hagiu & Wright, 2015）。間接ネットワーク効果は、プラットフォーム市場において単一のプラットフォームが勝者となる、「一人勝ち」を引き起こす可能性があり（Frank & Cook, 1995; Eisenmann, Parker, & Van Alstyne, 2006; Eisenmann, 2007）、仲介プラットフォーム間競争の決定的要因として、先行研究において重要視されてきた。仲介プラットフォームの研究においては、間接ネットワーク効果は直接ネットワーク効果よりも焦点を当てられる傾向にある。これは仲介プラットフォームにおいては異種の参加者を仲介することを考える場合が多く、この状況は間接ネットワーク効果の枠にはまるためである。ただし、研究者の定義によって、ある現象をどちらのネットワーク効果と見なすかが変わる場合がある。例えばSNSプラットフォームにおいては、いずれの利用者も一般的に投稿者と閲覧者の両方になり得る。参加者を「SNS利用者」1種と定義すれば、直接ネットワーク効果の枠に当てはまる。一方で「投稿者」と「閲覧者」とを分けて定義すれば、間接ネットワーク効果の枠に当てはまることになる。

仲介プラットフォームの代表例は、ECサイトである。ECサイトに製品を提供したい企業の数が増えると、消費者にとってそのECサイトに登録する価値が高まる。同時に、ECサイトに登録された消費者数が増えると、企業がそのサイトに自社の製品を提供する利点が高まる。その他の例としては、アプリケーション開発者とアプリケーションのユーザ、クレジットカードを採用する小売店とカード所有者、デーティングサイト（マッチングアプリ）における男女が挙げられている（Armstrong, 2006; Eisenmann, Parker, & Van Alstyne, 2006）。

2-3……プラットフォームエコシステム

プラットフォームエコシステムは、主にプラットフォームとその所有者、および補完財とその提供者である補完者で構成される（Jacobides, Cennamo, &

Gawer, 2018)。プラットフォームエコシステムは、特定のシステムやハードウェアとして実現されるプラットフォームを中心として、**1-1節**で示したビジネス構造と**1-2節**で示した性質に従いつつ、いくつかの特定の特徴を持つ。端的に言えば、エコシステムの中心にプラットフォームがあるものが、プラットフォームエコシステムである。

プラットフォームエコシステムは典型的に、前述した内部プラットフォームと仲介プラットフォームの両方の機能を持つ（Inoue, 2021)。プラットフォームエコシステムにおける補完者は、プラットフォーム企業が提供するシステムやアーキテクチャに基づいて補完財を開発・提供する（Inoue, 2021)。これは、内部プラットフォームの概念におけるプラットフォームが外部の補完者に対して公開され、利用可能になる構造を意味する。つまり、プラットフォームエコシステムで購買者に提供される価値提案のうち、一部分の構成要素をプラットフォームとコアが担当し、他の部分を補完財が担当するような構成となる。またここでのプラットフォームは、そのプラットフォームを用いて製品・サービスを提供したい補完者と、それを購入したい購買者を仲介するための場としても機能する（Inoue, 2021)。これは、仲介プラットフォームと同様の仲介機能を持って明示的に仲介を行う場合もあれば、そういった機能を持たずに暗黙的に仲介する場を提供する場合もある。後者は例えばテレビゲームハードウェアが該当し、（昔の）ゲームハードウェアはゲームソフト企業とゲームプレイヤーを仲介する機能を直接搭載してはいないが、このハードウェアの存在が両者を仲介する役割を暗黙的に果たしている。つまり、明示的であれ暗黙的であれ、プラットフォームエコシステムのプラットフォームは、仲介プラットフォームとしての機能も併せ持っている。このようなイメージを**図2-3**に示す。

プラットフォームエコシステムにおいては、内部プラットフォームと仲介プラットフォームの両方の機能が合わさることで、それぞれの概念にはなかった（あるいは見落とされていた）観点が生じる。エコシステムに参加した補完者は、プラットフォームのシステムやアーキテクチャを利用して製品・サービスを開発して提供する。つまり、ここでのプラットフォーム企業と補完者の関係性は「オープンイノベーション」の一種であると見なすことができる（Bogers et al., 2017; Eckhardt, Ciuchta, & Carpenter, 2018)。ここでオープンイノベーションと

図2－3　プラットフォームエコシステムのイメージ

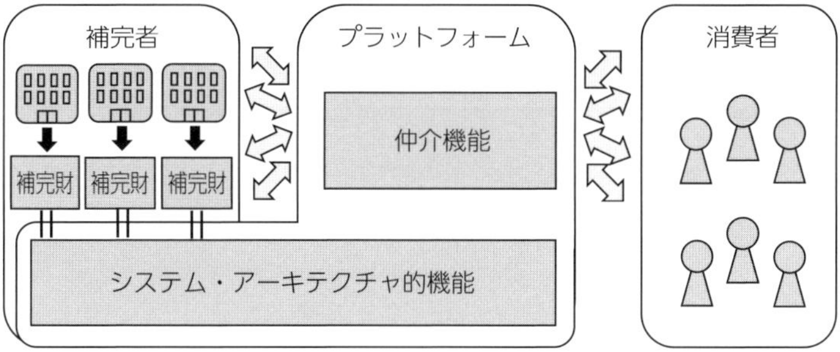

注：井上・竹中（2020）より一部改変。

は、「組織の境界を越えて目的を持って管理された知識の流れに基づく、分散型イノベーションプロセス」として定義される（Chesbrough & Bogers, 2014; p. 3）。そのため多様な補完者がエコシステムに参加することは、様々なパターンのオープンイノベーションの試みの形成に繋がり、またそのためのより多くの資源がエコシステムに提供されることを意味する（Gawer, 2014）。この意味で、プラットフォーム企業によるイノベーションマネジメント（イノベーションを生み出すための一連の経営管理上の試み）はプラットフォームエコシステムの重要な側面の１つになる。このイノベーションマネジメントはプラットフォーム企業だけでなく、補完者の視点からも考える必要がある（Inoue & Tsujimoto, 2018a）。

このイノベーションマネジメントが成功し、エコシステム内で補完者によるイノベーションが多く生じるようになると、購買者の様々なニーズが満たされるようになり、プラットフォームとエコシステムの価値が向上される（Ceccagnoli, Forman, & Huang, 2012）。そして、エコシステムにおける間接ネットワーク効果の強度を強め、エコシステムの競争力の向上と競合に対する参入障壁の形成に寄与する（Gawer & Cusumano, 2014）。これを実現するには、プラットフォーム企業は明確なビジョンを提供し、十分にオープンなモジュール式のプラットフォームを設計し、補完者との相互利益を確保する必要があるとされる（Gawer & Cusumano, 2014）。

以下に、ここまで紹介した内部プラットフォームおよび仲介プラットフォームと、プラットフォームエコシステムとの違いを説明する。

◆プラットフォームエコシステムと内部プラットフォームの違い

プラットフォームエコシステムと内部プラットフォームの違いは、プラットフォームの開放性の違いにある。内部プラットフォームにおいては、あくまでその利用はプラットフォームを開発した企業か、一部の関連する企業にのみ限定される（サプライチェーン内でのみ使用されるサプライチェーンプラットフォームにおいても同様）。そのため、イノベーション創出のための資源はごく限られてしまう。一方でプラットフォームエコシステムにおけるプラットフォームは補完者に対してオープン化され、簡易的な手続きや契約で利用可能になるように設定される。そのため、より多くの企業がエコシステム内でイノベーション創出のため活動に従事することができる。これにより、エコシステム内におけるイノベーション活動のための経営資源の規模の点で、プラットフォームエコシステムは大きな優位性を持つ。したがってこの２つの概念の間には、イノベーション創出のための資源や市場の拡大可能性の規模に、大きな違いがある。

この２つの概念の構造は明確に異なり、混同されることが無いように思えるかもしれない。しかしながら、筆者はたびたびこれらの混同を目にしてきた。この２つが混同されがちな状況として、「プラットフォームと呼称するシステムを開発し、顧客の要望に基づいてそれをカスタマイズして販売している」というパターンがある。これは典型的な内部プラットフォームの活用方法で、補完者が存在していないためエコシステムではない。このようなプラットフォームからエコシステムを生み出すためには、システムのオープン化と、補完者の誘致が必要である。

◆プラットフォームエコシステムと仲介プラットフォームの違い

プラットフォームエコシステムと仲介プラットフォームは、実務でも研究でも、混同され区別されないことが多い。また研究者によっても、仲介プラットフォームをエコシステムと見なすかそうでないかは、意見が分かれている。これは、1-3節「EC プラットフォーム」の部分で説明した内容と同じである。筆者の現時点での判断としては、仲介プラットフォーム関連のビジネスを指し示す場合に「エコシステム」という用語を使っても、誤用と言えるほどのものではないと考えている（ただし、この判断は今後の研究領域の発展によって変わるかもしれない）。ただ、典型的な仲介プラットフォームと典型的なプラットフォームエコシステムの間には、その構造やメカニズムにいくつかの差異が存在する。これを理解しておくことは、仲介プラットフォームとプラットフォームエコシステムのいずれにかかわるにしても有用であるため、ここで紹介する。

2つの概念の区別の基本的な基準は、仲介プラットフォームは「既存の製品・サービスを扱う」ものである一方で、プラットフォームエコシステムは「そのプラットフォームがなければ生産・消費できない製品・サービスを扱う」ことである（Jacobides, Cennamo, & Gawer, 2018）。ただし、1-3節でも説明したように、広義の見方をすれば、仲介プラットフォームを介して製品・サービスを購入することは、「一連の体験を含めてここでしか得られない価値提案が生産・消費されている」と考えてエコシステムと見なすことができる。この観点から見た場合、前述の「そのプラットフォームがなければ生産・消費できない製品・サービスを扱う」場合のエコシステムのプラットフォームは、「イノベーションプラットフォーム（Shi et al., 2021）」と呼ぶこともできる。

厳密な区別をすれば、例えば Amazon.com や楽天市場は、一般的に既存の製品を仲介するプラットフォームであるので、エコシステムではないと見なされる。一方で、メルカリは出品者も購入者もこのプラットフォームがなければ、その商品の出品・購入がいずれもできないため、プラットフォームエコシステムであると言える。YouTube も同様に、動画投稿者と視聴者を仲介するプラットフォームであるが、YouTube がなければクリエイターは動画を提供できないし、視聴者は動画を見ることができないので、エコシステムであると見なすことができる。前述の広義の見方をすれば、これらはいずれもエコシステムと見なせる。

ただし、仲介・イノベーションプラットフォームの両方をエコシステムと見なすとしても、これら2つのプラットフォームを中心としたエコシステムには、根本的な違いが生じる。仲介プラットフォームは、既存の製品・サービスに関するビジネス提供プロセスにおける特定の手続きや作業を、IT 技術を用いて自動化するサービスを提供する。つまり仲介プラットフォームは一般的に、IT 技術を使ってそれまで労働集約的にアナログで行われていた一部分を、デジタルの力で簡易化する手段を提供する。そのため、仲介プラットフォームを中心とするエコシステムでは、製品・サービスに対する顧客のニーズはすでに存在していることが一般的である。一方でイノベーションプラットフォームのエコシステムにおいて仲介される製品・サービスは、このプラットフォームがなければ生産・消費ができなかったものである。つまり、このプラットフォームが生まれるまで、そこに参加する補完財の在り方や顧客のニーズは未知であり、そういったニーズがあるのかも未確認の市場を新たに開拓することになる。したがって、前者は顕在ニーズを扱うが、後者は潜在ニーズや未知のニーズを扱う点に違いがある。

2-4……プラットフォームマネジメントとエコシステムマネジメントの差異

プラットフォームマネジメントとエコシステムマネジメントにはいくらかの違いがあり、それを理解しておくことは、エコシステムをより深く理解するうえで重要となる。その違いについて、以下に示す。ここで、プラットフォームマネジメントを「プラットフォーム・ビジネスに関する事柄のマネジメント」、エコシステムマネジメントを「エコシステム・ビジネスに関する事柄のマネジメント」と簡単に定義する。

◆プラットフォームマネジメントとエコシステムマネジメントは部分集合の関係になる

1つ目に理解すべきことは、プラットフォームマネジメントとエコシステムマネジメントは、図2-4に示すように、部分集合の関係になることである。一口に「プラットフォームマネジメント」と言っても、例えば以下のような事項

図2－4　プラットフォームマネジメントとエコシステムマネジメントの関係

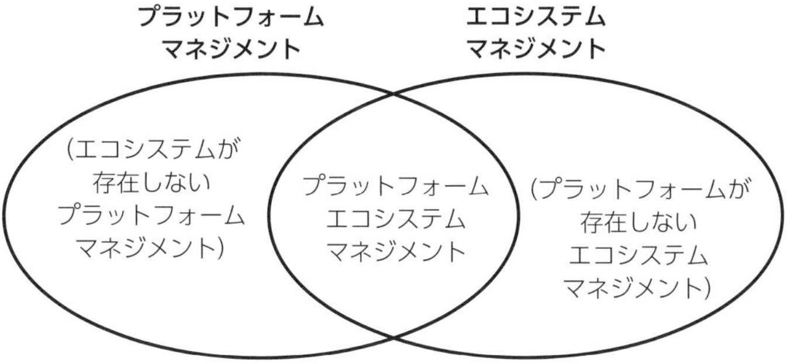

が含まれ得る。

1．プラットフォームにおけるシステムの管理
2．プラットフォームの販売管理
3．プラットフォームに関する取引先や関係先における関係性の管理
4．プラットフォームの運用における管理
5．プラットフォームを開放した場合に参加する企業の管理
6．5の場合の参加企業と顧客との間の関係性の管理

このような事項において、エコシステムマネジメントに該当するのは、5と6の項目である。しかし「プラットフォームマネジメント」という言葉が、すべて1から6までを含んでいるとは限らない。そのため、「エコシステムマネジメント」という言葉を意図的に使うことは、5と6を意識的に検討項目として取り挙げることに関連する。また、5と6を実行可能にするために、1～4をどのように行うかを検討することにも関連する。このように、単純にプラットフォームマネジメントではなくエコシステムマネジメントと呼称することは、エコシステムの部分に意識を向ける点で重要になると言える。

また逆に、エコシステムの中には、必ずしもプラットフォームが存在しているとも限らない。ハブ企業は自身が中心となっているエコシステムをマネジメントするうえで、エコシステムに参加する補完者や購買者、その他関係者たちの取りまとめを行うことになるが、これらの実施において必ずしも「プラットフォーム」を構築して管理することになるとは限らない。そして、プラットフォームを使用しない場合には、それを代替する他の事柄をマネジメントする必要が出てくるため、プラットフォームマネジメントの範囲外となる事項がエコシステムマネジメントにおいては存在し得る。そのため、すでにエコシステムを管理する企業がエコシステムを改善するためにプラットフォーム構築を開始する場合には、プラットフォームマネジメントの観点を新たに引き出すことは重要になる。

◆「プラットフォームの提供」＝「エコシステムを生み出すこと」ではない

２つ目に理解すべきことは、プラットフォームを提供すれば自動的にエコシステムが生まれるわけではないということである。これまでお話しした実務家や研究者の中で、IT プラットフォームを完成させれば、エコシステムは勝手に生まれる（つまり、勝手に生まれるので、先のことは気にしなくていい）、という考えの方にお会いしたことが何度かある。これは誤りで、IT プラットフォームを構築しただけでは、その企業内部で内部プラットフォームとして使用されて終わるだけである。

エコシステムを生み出すためには、プラットフォームを完成させた次のステップで、**1-2節**で記したようにエコシステムデザインを行う必要がある（本来はプラットフォームの設計段階で行うことが望ましい）。プラットフォームを基盤としたエコシステムの補完者と購買者を検討し、エコシステム構造を設計し、エコシステムの進化戦略を立ててそれを実行しなければ、エコシステムを生み出すことには繋がらない。そのため、自社のプラットフォームを中心としたエコシステムを生み出すことを目指す場合には、単なる「プラットフォームマネジメント」としての表現ではなく、「プラットフォームエコシステムマネジメント」といった表現とした方が、実行すべきことが明確になると主張する。

第3章　エコシステムとイノベーション

エコシステムが持つ重要な特徴の１つは、イノベーションを生み出すために機能する場を提供することである。本章では、エコシステムとイノベーションの関係について、より詳しく説明する。

3-1……イノベーションを理解する

エコシステムとイノベーションの関係を理解するためには、まずイノベーションとは何か理解をしておく必要がある。そのため本節では、イノベーションに関する簡単な説明を提供する。イノベーションは現在一般用語になり、もっぱら「革新的な製品やサービス」を指して使われることが多い。日本においては、「技術革新」がイノベーションの訳語として使われることも多い。ただし、これらはあくまでイノベーションの一部の側面に過ぎない。

イノベーションの定義は、現在においても研究者によって多少の違いがある。近年の例を挙げると、イノベーションは、「経済と技術の進歩に幅広い効果をもたらす、新しく価値のある何かを作成または発明するプロセスと結果の両方」(Edwards-Schachter, 2018) と定義される。あるいはイノベーションとは「組織が新規市場に参入して既存市場のリーダーに挑戦することを可能にする、ゲームのルールを決定・修正する能力」(Edison, Ali, & Torkar, 2013) といった定義もある。イノベーションを理解するうえで見落としてはならないのは、イノベーションとは「成功したもの」であるという点である。具体的には、大きな経済的・商業的成功を収めたものであったり、既存の製品・サービスを代替するものであったりする必要がある。つまり、「発見」、「技術革新」あるいは「発明」単体では、イノベーションには成り得ない。「発見」、「技術革新」、「発明」が製品やサービスの形となり、それがこれまでの製品・サービスの価値を上回るものであると顧客に受け入れられたときに、はじめてイノベーションとなる。

イノベーションには様々な種類がある。イノベーションに共通していることは「新しいこと」と「成功したということ」であるが、「どう新しいか」によって、イノベーションは分類されている。ここではいくつかの代表的なイノベーションの種類を紹介する。

◆インクリメンタル／ラディカルイノベーション

インクリメンタルイノベーション（incremental innovation）とラディカルイノベーション（radical innovation）は、おそらく最もよく知られているイノベーションの種類ではないかと思う。この２つは、大抵は対称的なイノベーションの在り方として表現される。インクリメンタルイノベーションは、増分的あるいは漸進的イノベーションとも呼ばれ、比較的低いインクリメンタル（増分的）な顧客利益を提供する、既存の基盤に基づく小さな変更によって実現されたイノベーションである。既存の状況を利用し、比較的低い／漸進的な利益を提供する（Edison, Ali, & Torkar, 2013; Edwards-Schachter, 2018）。ラディカルイノベーションは抜本的イノベーションとも呼ばれ、初めての機能や例外的なパフォーマンスを導入し、顧客に新しい効用・経験を提供するイノベーションである。より高いレベルの不確実性のもとで発生し、新しい機能やパフォーマンスの驚異的な向上を提供し、慣れ親しんだ分野や既存の標準を超える可能性を秘めている（Edison, Ali, & Torkar, 2013; Edwards-Schachter, 2018）。なお、ラディカルイノベーションは、「破壊的イノベーション」と混同されることがあるが、これらは明確に異なるものである。詳細は後述する。

また、深化的イノベーション（exploitative innovation）と探索的イノベーション（explorative innovation）という種別もあり、これらはそれぞれ、インクリメンタルイノベーションとラディカルイノベーションに類似したものと見なされる（Jansen, Van den Bosch, & Volberda, 2006; Andriopoulos & Lewis, 2009）。前者は企業（あるいは組織ユニット）の深化的行動（例えば既存事業の拡大）により実現され、後者は探索的行動（例えば新規事業の開拓）により実現される。企業のリソースが限られている場合、２種類のイノベーションへの投資はトレードオフの関係になる（Gupta, Smith, & Shalley, 2006; Stadler, Rajwani, & Karaba, 2014）。製品・サービスの陳腐化を防ぐためには、企業は探索的技術に投資し、探索的イノベーションの成功を目指すべきである（Jansen, Van den Bosch, & Volberda, 2005）。ただし、どちらのイノベーションへの過剰な投資も企業のパフォーマンス低下に繋がるリスクがあるため、以前の研究では、バランスの取れた比率が適切であることが示唆されている（March, 1991; Gupta, Smith, & Shalley, 2006）。この深化と探索の両立が、いわゆる両利き（ambidexterity）の経営というものである。

◆破壊的イノベーション

破壊的イノベーション（disruptive innovation）もまた、非常によく知られているイノベーションの一種類ではないかと考えられる。一方で、実社会における破壊的イノベーションの概念の理解は、経営学分野における用法と乖離があることも多い。破壊的イノベーションとは、次の条件で示される「破壊的技術」によって実現されるイノベーションである（Adner, 2002; Tellis, 2006; Markides, 2012; Christensen, McDonald, Altman & Palmer, 2018）。

条件１：初期段階では従来技術よりコスト面で優れているが従来の価値軸におけるパフォーマンスでは劣っており、それにより既存企業には無視される。

条件２：主流の技術とは異なるパフォーマンスパッケージを導入する技術である。

条件３：パフォーマンスが向上するにつれて、破壊的技術は従来技術にとって代わる。

一見すると前述のラディカルイノベーションと似ているようにも見えるが、いくつかの違いがある。まず、破壊的イノベーションには時間的要素が想定されており、その基となる破壊的技術に時間的発展が想定されている。つまり当初は低性能かもしれないが、時間とともに性能が向上して既存技術の価値を上回り、いずれは代替するといったストーリーが想定されている。ラディカルイノベーションにはそういった前提はない。また、破壊的イノベーションはより技術を重視した観点である。破壊的イノベーションの対となる言葉は、「持続的（sustaining）イノベーション」である。破壊的イノベーションと持続的イノベーションの差異は、前述した破壊的技術によるイノベーションか、あるいはそうでない持続的技術によるものかについてである。インクリメンタルイノベーションとラディカルイノベーションの差異は技術によって定義されるものではない点に、破壊的・持続的イノベーションの分類との違いがある。

破壊的イノベーションを理解するうえで重要なのは、その核となる破壊的技術の「破壊性」は相対的なものであり、絶対的なものではないことである（Christensen, McDonald, Altman & Palmer, 2018）。つまり、ある技術がとある企業においては破壊的技術となる場合でも、他の企業では持続的技術である可能性があり得る。あるいは、ある市場では当たり前に使われている持続的技術であっても、違う市場で活用すれば破壊的技術になるということも起こり得る。このように、破壊的イノベーションはある特定のイノベーション発生パターンを意味したものであるため、その使用には注意が必要である。

◆その他のイノベーション

前述の他にも、様々なイノベーション用語が生み出され続けている。ここでは、エコシステムを考えるうえで有用になると考える、いくつかの概念を紹介する。

ソーシャルイノベーション（social innovation）

これは、（SDGs的な）社会的価値を生み出すイノベーションの総称である。また、エコイノベーション（eco innovation）やグリーンイノベーション（green innovation）といった、より環境に着目したイノベーションの観点もある。これらはSDGsやESG投資といった言葉に代表されているように、最近重視される観点であるため、エコシステムのコアの差別化要素として活用できるかもしれないイノベーションの形態である。

文化イノベーション（cultural innovation）

これは、文化（イデオロギーや価値）の変革を達成するイノベーションである。ただし、伝統文化財を活用したイノベーションということではない。このイノベーションは、新しい「文化」を生み出すことで、既存の文化を過去のものにするというものである。このようなエコシステムの事例は多くある。例えば「テレビゲーム」のエコシステムは、ゲームは家でやるものだという文化をつくりだし、それまでのゲームはゲームセンターのような施設でやるものだという文化を一部過去のものとした。YouTube を代表とする動画投稿サービスのエコシステムは、動画は誰でもつくって自由に投稿したり配信したりできるという文化をつくり出し、テレビ局が動画をつくりテレビで独占的に配信するというこれまでの映像視聴文化に影響を及ぼしている。このように、既存のものと比べてただ新しいだけでなく、これまで当たり前とされていた文化を、新しく塗り替えてしまうようなイノベーションをエコシステムが提示できれば、それは大きな成功に繋がる可能性があるだろう。

サービスイノベーション（service innovation）

これはその名のとおり、サービスに関するイノベーションである。製品イノベーション（product innovation）との対比的な用語として使用される。エコシステムにおけるコアや補完財は、製品の方がイメージしやすいかもしれないが、これは別にサービスであってもいい。そのためエコシステムを考える際には、コアが製品で、補完財がそれに付加価値を与えるサービスであるというパターンもあり得る。このように、製品イノベーションだけでなくサービスイノベーションの観点を持つことで、エコシステムの可能性は広がると考える。

ビジネスモデルイノベーション（business model innovation）

これは、既存のビジネスモデルよりも大きく優れた、革新的なビジネスモデルを指す。これまでエコシステムが存在していなかった領域に、新たにハブ企業が登場してエコシステムが誕生したとき、そのビジネスモデルはこのようなビジネスモデルイノベーションに該当する。

ユーザーイノベーション（user innovation）

これは、顧客や消費者によって引き起こされるイノベーションである。代表的な例は、PC ゲーム市場のゲームプレイヤーによって自主的に開発される、ゲームのMod（拡張機能）である。ユーザーイノベーションの仕組みをエコシステムに組み込むことは、コアや補完財の価値を高める機会に繋がる。

プロセスイノベーション（process innovation）

これは、製品・サービスの製造や生産工程にかかわるイノベーションである。プロセスイノベーションを達成することを目指すエコシステムの構築は、1つのエコシステム・ビジネスの在り方としてあり得る。この種のエコシステムはB to B to B（ハブ企業to補完者to補完者の顧客企業）形式のビジネス形態となり、補完者は購買者となる企業のプロセスを改善する価値を提供する。

低コストイノベーション（low-cost innovation）

これは、低所得者向けに無駄な機能を削ぎ落すことで結果的に本質的な価値が顕在化し、低価格で十分な性能を満たす財を生み出すことに成功したイノベーションのことである。エコシステム・ビジネスにおいては、歴史的に発展してきた既存のコアがあったときに、そのコアの不要な部分を削ぎ落しつつ本質的な価値を保持した安価なコアを提供することで、このイノベーションに至ることができる可能性がある。なお類似の概念に、倹約的イノベーション（frugal innovation）、リバースイノベーション（reverse innovation）というものもある。

3-2……イノベーション発生の基本的メカニズム

エコシステムにおいて生じるイノベーションは、基本的に補完者にとって生み出されるものである。これには、エコシステムに参加することで受ける影響から直接的にイノベーションに至る経路と、エコシステムに参加した後にそこでの環境から影響を受けてイノベーションに至る間接的な経路の、2つがある。以下の図3-1にこの概要を示す。また時には、ハブ企業や購買者が補完者として振る舞って、イノベーションの創造に携わることもある。詳細な説明は次のとおりである。

図 3－1　エコシステムにおけるイノベーション発生の経路

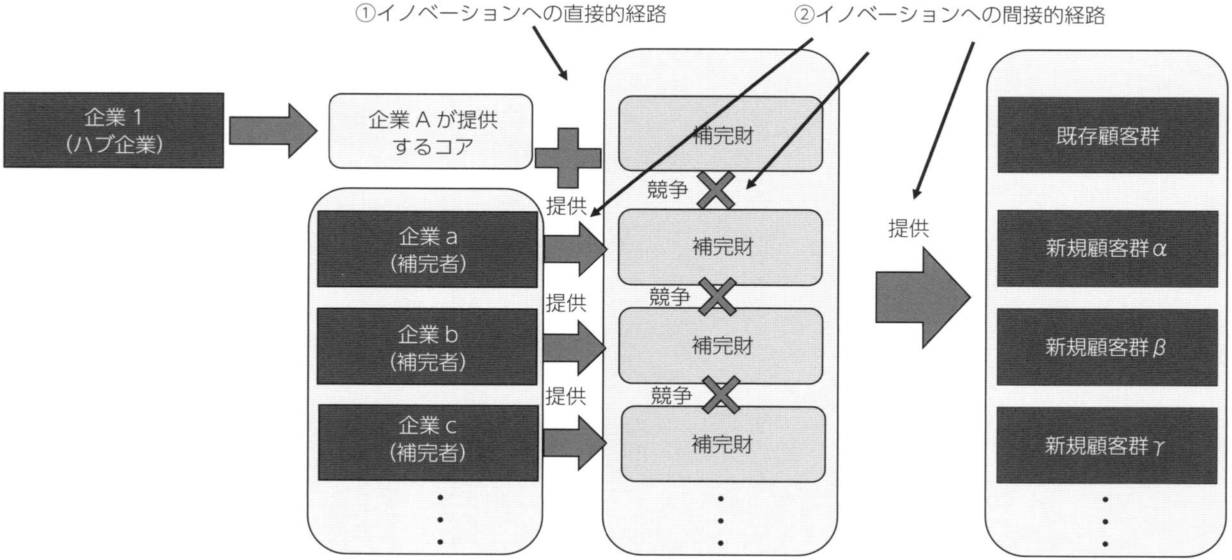

◆直接的にイノベーションに至る経路

これは、エコシステムのコアを補完者が利用してハブ企業と補完者との間で集合的な価値提案が行われ、それによりそれまで実現できなかった価値が提供されることで、イノベーションが生じるというパターンである。エコシステムでは、コアを中心とした価値提案の創造に様々な経営資源を持った補完者が参加できる。そして、補完者はエコシステムに参加することで、新しいビジネスを開始できる。これにより、新しい製品・サービスがエコシステムの中に出現し、その中の一部は成功してイノベーションとなる。この経路は、エコシステムにおけるイノベーション発生の最も基本的なメカニズムである。

◆間接的にイノベーションに至る経路

これは、補完者がコアを利用することで、補完者が受けることができる恩恵や影響によって、間接的にイノベーションが促進されるものである。これにはいくつかの経路がある。

第一の経路は、2-1節で説明した内部プラットフォームの利用によるイノベーション発生メカニズムと関連する。内部プラットフォームを利用する企業は、プラットフォーム化した構成要素を複数の製品にわたって使い回すことで、製品の設計と生産の効率性を向上させ、それにより余剰が生じた資源をイノベーションのための活動に費やすことができるようになる。これと同様に、補完者はハブ企業が提供するコアの部分の開発や生産に関する負荷を自社で負担する必要がなくなる。これにより、補完財の部分の開発・設計・生産に集中的に投資でき、イノベーションを探るための試みにより従事することができるようになる。

第二の経路は、エコシステムに参加することにより補完者が新たな機会を得ることに関連する。補完者がエコシステムに参加すると、これまで接点がなかった購買者が顧客対象となる場合がある。補完者はそのような購買者を対象として、これまで自社が提供してきた範囲を超えた新しいビジネスアイデアを考える機会を得ることができる。こういった試みの一部は成功して、イノベーションとして現れる。

第三の経路は、エコシステムへの参加により、補完者が新たな競争環境にさらされることに関連する。補完者はエコシステムに参加することで、これまで競争関係になかった他社との競争にさらされることになる。またそこでの競争は、価値提案の一部の範囲を占める構成要素として表現される、補完財の開発に関する競争である。これにより、補完者は既存のビジネスモデルや価値提案を見直したり改善したりする機会を得る。その結果として、イノベーションの発生が生じる可能性がある。

◆イノベーションを起こす補完者としてのハブ企業

ハブ企業は、自社内で補完財提供に関する部門を用意することで、補完者と同様に補完財を提供してイノベーション活動に携わる場合がある。これは例えば、テレビゲーム市場では当たり前に見られる事象である（任天堂やソニーは自社のハードウェアにゲームソフトを提供する）。ただし、この場合のハブ企業は、補完者とは異なった役割を持つ。第一に、特にエコシステムの立ち上げの段階において、ハブ企業はコアを利用したイノベーションの成功例を示す役割を持つ。成功例無しには補完者はエコシステムに参入しにくいため、その前例を自ら示すために、ハブ企業は行動することができる。第二に、エコシステムが成長期あるいは成熟期に差し掛かった段階においては、ハブ企業は補完財開発において、より探索的でリスクが高い領域を開拓する役割を持つ。これは、ハブ企業は補完者と違い、補完財での失敗による損失を、コアの利用に関する収益でカバーできるからである。このようにハブ企業はエコシステムの可能性を広めるために、補完者よりも探索的・高リスクな補完財開発活動を行うことができる。

◆イノベーションを起こす補完者としての購買者

購買者は通常はイノベーションの創出にはかかわらないが、ハブ企業が特定の仕組みを用意すれば、購買者もこれに関与することが可能になる。これは、購買者を「補完者の補完者」にする仕組みである。実例としては、ゲームソフトプレイ動画の動画サイトへの投稿や、拡張機能（Mod）をユーザが開発することによるゲーム内容の拡張といったものがある。こういった仕組みが容易されることでユーザーイノベーションが促進され、エコシステムでの製品・サービスの価値が高められる。一般的にこういった仕組みはハブ企業が設定して整備するが、補完者が自らこういった活動ができるように仕組みづくりをすることもある。例えばSteamのmod投稿システムはハブ企業によるものである。「マリオメーカー」や「RPGツクール」のゲームのように、ユーザがコンテンツをつくって他のユーザが消費できる補完財は、補完者によって実現されるこういった仕組みの例である。

3-3……コア技術とイノベーションの関係

ハブ企業が提供するコア技術（およびそれを内蔵したプラットフォーム）の在り方によって、エコシステムで生み出されるイノベーションの在り方は影響される。具体的には、コア技術自体がどのような種類のイノベーションであると補完者や購買者に認識されるかにより、エコシステムで生み出される補完財のイノベーションの種類が変化する。ここではいくつかの代表的なパターンを記述する。

1つ目は、コア技術がインクリメンタルイノベーションを示すパターンである。このイノベーションでは既存の状況を利用し、比較的低い/漸進的な利益を提供するため（Edison, Ali, & Torkar, 2013; Edwards-Schachter, 2018）、コア技術はそれまでのコア技術と同様の価値軸を持っていることになる。このような場合、エコシステムで生み出される価値提案には大きな変化が生じないため、補完者が開発する補完財の内容はほとんど影響されない。ただし、コアのインクリメンタルイノベーションは基本的に性能向上であるため、補完財の開発費が高騰し、結果的に補完者がイノベーションに費やすための資源が制限される場合がある。ソニーが提供したPlayStationからPlayStation 2への進化、Play-

Station 2から PlayStation 3への進化が、これに該当する。これらのプラットフォームにおいては、ハードウェアの処理能力やグラフィックスといった、テレビゲームの価値を形づくるうえでの根本的な構成要素の性能がインクリメンタル的に向上している一方で、補完者にとってはゲームソフトウェアの開発費の引き上げに繋がり、エコシステムに参加できるゲーム企業が限られるようになっている。

2つ目は、コア技術がラディカルイノベーションを示すパターンである。このイノベーションはより高いレベルの不確実性のもとで発生し、新しい機能やパフォーマンスの驚異的な向上を提供し、慣れ親しんだ分野や既存の標準を超える可能性を秘めているため（Edison, Ali, & Torkar, 2013; Edwards-Schachter, 2018）、これまでの規範から離れた不確実で新規的な方向性へ向かう価値をコア技術は提供する。このような場合においては、補完者はそのコア技術に適用して価値提案を修正する必要が出るため、補完財の開発においてより探索的イノベーションのための投資を行う必要が出てくる（Inoue & Tsujimoto, 2018a）。こういった探索的イノベーションのための試みに補完者が成功できなければ、補完者はエコシステムから撤退するか、あるいはコア技術の構成要素のうち既存の価値が提供される部分のみを活用して、深化的イノベーションのための試みを行うようになる（Inoue & Tsujimoto, 2018a）。この例としては、任天堂が提供した Wii が挙げられる（詳細は第5章で解説するため、ここでは省略する）。このように、コア技術がラディカルイノベーションを示す場合においては、インクリメンタルイノベーションの場合と比較してエコシステムの動作が変化する可能性があるため、ハブ企業は注意する必要がある。

3つ目は、コア技術が破壊的イノベーションを示すパターンである。この場合、ラディカルイノベーションを目指す場合と同様に、提案する価値軸が既存のものと異なるため、補完者により強度の高い探索的活動を強いることになる。一方でラディカルイノベーションの場合と異なるのは、破壊的イノベーションは既存のコア技術との代替を将来的に目指す点である。つまり、ハブ企業は補完者が将来的に既存技術を用いたコアの使用をやめて、完全に新規のコアに乗り換えることを想定しなければならない。また、置き換えであるため、補完者の価値提案は新規技術により一部は変更されるものの、本質的にはこれまで提供してきたものと類似した内容になる可能性もある。そのためハブ企業は、既存のコア技術は破壊するが、既存の補完者を破壊しないようにする必要がある。この例としては、テレビゲームにおける二次元から三次元への移行が挙げられる。この移行プロセスにおけるソニーのPlayStation、任天堂によるNintendo 64、セガが提供したセガサターンの3つのプラットフォーム間競争は、最終的にはPlayStationの勝利に終わった。勝因としてはより3D-CG処理に特化したハードウェアシステムに加えて、CD-ROMの採用による生産性の高さとソニーのCD-ROMへのノウハウ、(特に前世代ハードウェアにおける勝者であった任天堂に対する) 発売日の速さによる先行者優位といった要因が提示されている (伊藤, 2007)。これらは、補完者がPlayStation上で3次元のゲームを開発するための探索的活動の実施を助け、エコシステム内で成功できる体制を整えるためのサポートに繋がり、最終的にPlayStationが破壊的イノベーションの勝者になることに貢献したと言える。

3-4……補完者のホーミングとイノベーション

ホーミングは本来、エコシステムそのものではなくプラットフォーム・ビジネスに関する観点である。しかしこの観点は、エコシステムにおけるイノベーションを考えるうえでも重要になるため、説明を提供したい。「ホーミング(homing)」とは、補完者や購買者がプラットフォームを「ホーム (住まい) にする」ことに関する観点である。これにはシングルホーミングとマルチホーミングの二種類が存在する。シングルホーミングはいずれか1つのプラットフォームをホームにする (つまり、1つのプラットフォームのみを利用する) ことを意味し、マルチホーミングは複数のプラットフォームをホームにすることを意味する。

シングルホーミング・マルチホーミングは補完者と購買者の両面で考える。購買者の場合は単純に、ある1つのプラットフォームを使うか、あるいは複数のプラットフォームを併用するかといった分類になる。補完者においては、広義と狭義の2つの見方が存在する。広義の見方は購買者のものと同様に、補完者が複数のプラットフォームに参加することである。狭義の見方は「提供する製品・サービスが複数のプラットフォーム間で互換性があるように設計されていること（Rietveld & Schilling, 2021）」である。つまり、補完者はホーミングにおいては次の３パターンが存在する。

①シングルホーミング
②複数プラットフォームに参加するが、製品・サービスは別のものを提供するマルチホーミング
③複数プラットフォームに参加し、共通の製品・サービスを提供するマルチホーミング

②と③は補完者の中でいずれかが選択される場合もあれば、混合される場合もある（つまり、ある財は特定のプラットフォームに依拠して独自開発・提供するが、ある財は複数プラットフォームに対応して開発・提供する場合もある）。エコシステムにおけるイノベーションに直接的な影響を及ぼすのは、補完者における狭義のマルチホーミングの視点である。以降はこれに焦点を当てて説明する。

まず、補完者にとっては、この種のマルチホーミングの採用にはメリットとデメリットのトレードオフがある。マルチホーミングにより補完者は、プラットフォーム（エコシステムの場合はコアに該当）ごとに製品を設計することなく、１つの製品で複数のプラットフォームのインストールベース（購買者群）に到達できる。それによりマルチホーミングは補完者の売上の拡大に貢献できるとともに（Chen, et al., 2022）、販売結果の安定性を強化することができる（Cennamo, Ozalp, & Kretschmer, 2018）。一方で、補完者がマルチホーミング可能な財を開発するとき、複数プラットフォームにおける性能や機能の最大公約数的な設計を行う必要がある。つまり、あるプラットフォームにおいて特別優れた性能を示す機能や、財の内容に影響する独特な機能があったとしても、それを組み込むことは通常できない。したがって、シングルホーミングよりもマルチホーミングの方が一般に財の品質が失われ、追加のコストを支払うことになるというデメリットを補完者に生じさせる（Cennamo, Ozalp, & Kretschmer, 2018）。まとめると、財の開発コストや収益性の点ではマルチホーミングは優れている

が、財の品質や独自性の点ではシングルホーミングの方が優れていると原則的に言える。また、シングルホーミングに注力する補完者はプラットフォームの独自性を活かしたイノベーションの方向へと進み、マルチホーミングに注力する補完者は複数プラットフォーム間での汎用性を前提としたイノベーションの方向へと進んでいくと言える。

ハブ企業やその運営するエコシステムにとっても、補完者がマルチホーミングできるように開発環境を整えることはメリットとデメリットの両方がある。マルチホーミングの実装は、補完者のエコシステムへの財の提供を容易にし、購買者にとっては利用できる財の数や多様性が増えることに繋がる。そのため、プラットフォームの魅力が高まり、購買者数の増加に貢献する（Cenamor, Usero, & Fernández, 2013; Marchand & Hennig-Thurau, 2013）。特に、新世代のプラットフォームの導入においては、前世代のプラットフォームからの補完者と購買者の移行を促進する点にもメリットがある（Gretz, Malshe, Bauer, & Basuroy, 2019）。一方で、マルチホーミングの性質により補完者は複数のエコシステム間で同様あるいは類似した財を提供するようになるため、価値提案の方向性が制限される（Landsman & Stremersch, 2011; Cennamo, Ozalp, & Kretschmer, 2018）。それにより、マルチホーミングを実装できるエコシステムは、必然的に他のエコシステムに対する独自性の程度が低下していく（Cennamo & Santaló, 2013; Barlow, Verhaal, & Angus, 2019; Taeuscher & Rothe, 2020）。したがって、コアやプラットフォームに独自の機能や技術を搭載し、それを活かしたイノベーションの発生を目指す場合には、ハブ企業はマルチホーミングのマネジメントについてより慎重に検討しなければならない。

第4章 エコシステム発展のためのマネジメント

ハブ企業は補完者と購買者の両方に目を向けて、エコシステムを発展させるためにマネジメントする必要がある。本章では、このために重要ないくつかの観点を説明する。

4-1……ポジショニング、ガバナンス、アイデンティティ

ハブ企業は、自社を中心として形成されるエコシステムの（想定される）ポジショニングを補完者と購買者に示し、エコシステムが望ましい方向に発展していくように補完者の動きをガバナンスしていく必要がある。そして、エコシステムアイデンティティを定めて、それを補完者とともに形づくっていかなければならない。これらには、いくつのトレードオフの関係にある要素をマネジメントしなければならない。ここでは3つを解説する。

1つ目は、**コアの開放性と補完財の品質の間のトレードオフ**である。ここでの開放性とは、特定の基準に基づいて補完者がコアを利用し、エコシステムに参加できる程度を指す。コアの高い開放性は、一般的により多くかつ多様な補完者の参加を促し、そしてより多くの製品・サービスの提供に繋がり、エコシステムにおけるイノベーションの発生に貢献する（Boudreau, 2010）。一方で、過度の開放性は粗悪品の生産に繋がり、低品質の財の増加を伴う可能性があり（Wareham, Fox, & Giner, 2014）、またそれはエコシステム全体の損失に繋がる恐れがある（McIntyre & Srinivasan, 2017）。これを防ぐ方法は、ハブ企業がエコシステムに提供される財の品質を管理することである。しかし、品質管理に関する過度な対処は補完者の財の開発における負担を増加させ、財の提供を妨げる恐れもある（Song et al., 2018）。また、エコシステムにおいて本当に価値のある財や、イノベーションに繋がり得る試みは、購買者が評価する前にハブ企業が判断することは困難である。そのため、ハブ企業はコアの開放性を高めて多くの補完者の参加を促すことと同時に、エコシステムにおける適度な財の品質管理の間とでバランスを取る必要がある（Wareham, Fox, & Giner, 2014）。

2つ目は、**エコシステムのポジショニングにおける、独自性と正統性の間のトレードオフ**である。エコシステムにおけるポジショニングは、ハブ企業と補

完者によって提供される価値提案の集まりによって形成される（Cennamo & Santaló, 2013）。低い独自性は、競合するエコシステムと比較して同じような価値提案が提供されている状況を意味する。高い独自性の状態は、そのエコシステムでしか消費できない価値提案が多く提供されていることを意味する。独自性が高いエコシステムは、競合するエコシステムが持つ間接ネットワーク効果の影響を軽減し、それらとの競争を軽減または回避することができる可能性がある（Cennamo & Santaló, 2013）。一方で、ハブ企業が高い独自性をエコシステムに想定した場合、そのエコシステムは発展において困難を経験する可能性もある。財は独自性の程度が高くなるにつれて競争の強度は弱まっていく一方で、正統性が減少していく（Haans, 2019; Taeuscher & Rothe, 2020）。これは、補完者と購買者の参加を阻害する要因になる。最適な独自性の程度は、競争の減少の程度と正統性の減少の程度の間の差の大小によって説明できる（Haans, 2019; Taeuscher & Rothe, 2020）。しかし、業界や市場の状況や特性によって、独自性の高低による競争の強弱と正統性の高低の変化量は異なってくる。そのため、最適な独自性が現れるパターンは変化し、独自性の高低に対して比例的になる場合もあれば、U 型（独自性が低い場合と高い場合にパフォーマンスが高くなる）や逆 U 型（独自性が適度な場合にパフォーマンスが高くなる）のようなパターンにもなりうる（Haans, 2019; Taeuscher & Rothe, 2020）。ただし、そのエコシステムが現れる市場でそういった最適な独自性のパターンを予測することは困難であるため、ハブ企業はエコシステムの独自性の程度をある程度柔軟に変更できるように想定しておくことが重要とも考えられる。

3つ目は、**エコシステムアイデンティティと補完者アイデンティティの間のトレードオフ**である。企業それぞれが独自のアイデンティティを持つのと同様に、エコシステムは、ハブ企業や補完者たちによって形成される、集合的なアイデンティティを持つ。このエコシステムアイデンティティは、「エコシステムの価値提案における中心的・永続的・独特な特性に関する、エコシステム参加者たちによる相互理解の集合」と定義される（Thomas & Ritala, 2022; p.517）。エコシステムアイデンティティは、エコシステムにおけるハブ企業や補完者の状況によって変化する（Inoue & Tsujimoto, 2018a）。エコシステムを開始するとき、ハブ企業はそのコアやプラットフォームにアイデンティティを設定する。

このアイデンティティは、プラットフォームのスコープ（ポジショニング、市場の目的、補完財のコンテンツや独自性など）、プラットフォームのアーキテクチャ、焦点とする顧客対象などの要素から形成されるものである（Cennamo, 2021）。それぞれ独自のアイデンティを持つ補完者たちは、このようなコアやプラットフォームのアイデンティティと自身のアイデンティティとの整合性を取りながら、エコシステムに価値を提供しようとする。その結果として集合的なアイデンティティが生まれ、エコシステムアイデンティティが形成される。ハブ企業は競合関係にあるエコシステムに対して、自身が管理するエコシステムアイデンティティを差別化する必要がある。補完者はエコシステム内で自律的に行動するが（Jacobides, Cennamo, & Gawer, 2018）、ハブ企業は命令はできなくとも、補完者に補完財の開発について特定の方向に向くように促すことはできる（Inoue & Tsujimoto, 2018a; 2018b）。一方で、コアやすでに形成されたエコシステムアイデンティティが自社のアイデンティティと大きく異なる場合、補完者はそれらのアイデンティティに関連した価値提案を体現する補完財を開発するために、より多くの投資を行う必要がある（Ruutu et al., 2017; Inoue & Tsujimoto, 2018a）。それでも最終的に折り合いがつかない場合には、ハブ企業が想定したエコシステムアイデンティティの方向に沿った価値提案を、補完者が行わなくなってしまう（Inoue & Tsujimoto, 2018a）。そのため少なくとも、エコシステムの集合的なアイデンティティと補完者それぞれのアイデンティティとが一貫するような関係性（Patvardhan, Gioia, & Hamilton, 2015）が形成されるように、ハブ企業は導いて行くことが必要である。

4-2……ネットワーク効果を駆動させる

◆ネットワーク効果の活用

エコシステム構造として特にコアだけでなくプラットフォームを活用する場合において重要なのは、ネットワーク効果を発生させる仕組みをつくることである。2-2節で説明したように、ネットワーク効果には大別して直接ネットワーク効果と間接ネットワーク効果の二種がある。それぞれのマネジメントの方法について、ここでは説明する。

直接ネットワーク効果

この効果を発生させるには、「同じグループに所属する他の参加者が使用していると価値が向上する」機能を、エコシステムのコアやプラットフォームに含める必要がある。例えば補完者同士の直接ネットワーク効果を生じさせるには、開発コミュニティを整備するといった方法がある。購買者同士の直接ネットワーク効果を生じさせるには、エコシステムで提供される製品の購入者同士が交流できる仕組みをつくる方法がある。例えばゲーム市場においては、インターネットを利用したゲームの協力プレイや通信対戦といった方法がある。いずれの場合においても、補完者や購買者がそれに価値を感じなければ利用されず直接ネットワーク効果が生じない点は、注意が必要である。

間接ネットワーク効果

間接ネットワーク効果を生じさせるには、「AとBを仲介する」という機能をエコシステムのコアやプラットフォームに含めるか、その役割を果たす市場を構築する必要がある。これには暗黙的・明示的の2とおりの方法がある。暗黙的な方法は、「補完者グループであるAの参加者がエコシステムのコアを利用することで、購買者グループであるBの参加者との取引の機会を得る」という関係性を成り立たせることである。明示的な方法は、「補完者グループAと購買者グループBの取引を仲介する、プラットフォームシステムを提供する」ことである。基本的に後者の方が補完者・購買者両方の仲介やマッチングの仕組みを整備することになるため、間接ネットワーク効果の強度が高くなりやすいと想定する。

ネットワーク効果を活用する際の注意点

両方のネットワーク効果に共通するのは、「参加者の便益が、他の参加者の規模に依存している」という点である。ここには、他の参加者がいないか十分でなければ、その参加者の便益が０もしくは不十分に小さくなってしまうというリスクが含まれている。いずれかのネットワーク効果単独でもそうであるが、両方のネットワーク効果が共に働くエコシステムでは、よりその影響が強くなる。直接ネットワーク効果と間接ネットワーク効果の両方をエコシステムに含めると、それらの影響は掛け算的に作用する。市場が非常に大きくなる可能性がもたらされる一方で、いつまで経っても立ち上がらないというリスクとも隣り合わせになる。直接ネットワーク効果と間接ネットワーク効果を比較すると、エコシステムの発展という意味においては、間接ネットワーク効果の方に重きを置くことが重要であると考えられる。これは、補完者と購買者の両方を獲得してエコシステムを拡大していくメカニズムは、間接ネットワーク効果の方だからである。そのためビジネス内容にも依存するだろうが、間接ネットワーク効果を主軸として、直接ネットワーク効果は付加価値（働かなくても市場の発展を阻害しない）程度にすることがエコシステムにおいては無難であるというのは、１つの考え方である。

◆鶏卵の問題から脱却する

前述のように、ネットワーク環境下においてはエコシステムにおける参加者の便益が他の参加者の規模に依存している状態となる。そのため、補完者と購買者にとっては初期にエコシステムへ参加する便益が０となってしまい、そのままでは市場が立ち上がらない。ハブ企業は、このネットワーク効果に関する鶏卵の問題（先に補完者を増やすことから始めるか、あるいは購買者からか、という問題）を打破する必要がある。そのためには以下のような方法がある。

最初は格安で提供する

ハブ企業が妥当な料金体系をつくり上げたとしても、それはあくまで参加者が十分な規模に達し、エコシステムから参加者が便益を獲得できるようになった段階において、適当になるものである。立ち上げ段階のエコシステムは参加者にとっては無価値であるため、エコシステムの参加費は格安か、可能であれば無料であることが望ましい。場合によっては金銭を提供することも検討できる。例えば、決済サービスを提供するPayPay（仲介プラットフォーム）は、「100億円あげちゃうキャンペーン」を実施して利用者に大規模なインセンティブを提供することで、加盟店と利用者の両方の急速な獲得に成功している。ハブ企業はエコシステムの最初の段階では儲けることは考えず、まずは補完者と消費者の参加を増やすことを優先すべきである。

ハブ企業自らが補完者に成功のストーリーを見せる

補完者はエコシステムに参加して、コアを活用する補完財を開発し、提供することになる。しかし、特にコアが新規的な価値を持つ場合においては、補完者はそれを活用した価値提案の姿を同定することが難しい。そのため、ハブ企業は自社で開発した補完財をエコシステムに提供し、それによる初期の市場開拓を成功させることが望ましい。テレビゲーム市場においては、ハードウェア提供企業はゲームの発売と同時に、そのハードウェアの新規機能を活用したゲームソフトを自ら提供している（Inoue & Tsujimoto, 2018a）。その内容や市場での反応を見て、補完者はエコシステムへの参加と具体的な補完財の内容を検討することができる。また、ハブ企業が最初に補完財をエコシステムに提供することで、購買者側にとってはエコシステムの価値が0ではなくなる。これにより、一定数の購買者の参加が見込め、その結果、補完者側にとってのエコシステムの価値もまた0ではなくなる。このように、鶏卵の問題解決の第一歩を踏む意味でも、ハブ企業は最初に自らが補完財開発・提供の成功のストーリーを見せるようにするべきである。

有力な企業を補完者として勧誘する

エコシステムの立ち上げに際して、ハブ企業が単独でそれを行うのではなく、有力な外部企業にアプローチして、エコシステムの立ち上げ段階から補完者として参画してもらうことは有効である。これはそのような企業や提供する製品・サービスにロイヤルティを持っている購買者をエコシステムに呼び込めるためである（井上・辻本, 2016）。これはつまり、有力な既存企業のブランド資産を活用する方法である。強いブランド力を持ち、ロイヤルティを持つ顧客が多く付いていると考えられる企業を補完者に加えることは、初期のエコシステムの立ち上げにおけるインストールベース（購買者群）の獲得に貢献する。加えて、そういった企業が持つ製品ブランドが補完財に活用されることは、エコシステムの初期拡大にとって望ましい。例えばテレビゲーム市場において、ファイナルファンタジーやモンスターハンターといったキラータイトルと呼ばれる製品ブランドは、それらのコンテンツにロイヤルティを持つゲームプレイヤーのエコシステム参加を促して、エコシステムの発展に貢献する（井上・辻本, 2016）。また、有力な企業のエコシステムへの参加は、エコシステムの正統性を高める点からも有効であるとされている（Taeuscher & Rothe, 2020）。そういった企業の参加は、エコシステムの独自性の増加による正統性の減少を緩和する、バッファとしての役割を果たす（Taeuscher & Rothe, 2020）。そのため、ハブ企業がエコシステムの差別化を目指す場合は特に、有力な企業をエコシステムに初期に誘致することは重要になると言える。

4-3……コア、補完者、購買者の進化

エコシステムの進化にともなって、エコシステムの参加者もまた進化していく。ここでは、ハブ企業、補完者、購買者の代表的な参加者グループについて、その進化の道筋の例を記述する。ここでは、これまでの筆者のテレビゲーム市場の分析（例：Inoue & Tsujimoto, 2018a; 2018b）において見られたパターンを要約したものを示す。

第一に、**ハブ企業の進化プロセス**の一例は、次のようなものである。

①ハブ企業はエコシステムの開始時点において、少なくとも自社内で一貫した価値提案が提供できる状態になってから、コアを市場に提供する。
②コアが補完者に多く使用され、市場で普及するようになってくると、コアの構造や生産方法の効率化を図り、低価格化と性能向上を進める。
③市場が成熟し、元のコンセプトにおけるコアの普及が停滞してくると、コアの新たな価値を追求し、新たな方向性でのエコシステムの発展を模索するようになる。あるいは新世代のコアを提供して、エコシステムを更新する。

第二に、**補完者の進化プロセス**の例は次のようなものである。

①補完者はエコシステムへの参加時点において、ハブ企業や先立って参加した補完者の成功・失敗事例を観察して分析し、試験的に製品・サービスをエコシステムの市場に提供する。
②そのエコシステムでの事業に関して社内での成功例を積み重ね、エコシステム内での事業の継続方法を学習する。
③エコシステムにおける自社独自の価値と顧客を確立し、新たな価値提案を追求し始める。

第三に、**購買者の進化プロセス**の例は以下である。

①購買者は、エコシステムにおいて特にヒットした製品・サービスや、有名企業が提供した製品・サービスを試しに購入する。
②最初のエコシステムでの消費活動に満足した後は、様々な企業が提供する製品・サービスをまた試しに購入してみることで、自分の嗜好を理解する。
③忠誠心を持つブランドを確立し、より深くニッチなものを購入するようになる。

ここまででハブ企業、補完者、購買者のエコシステムにおける進化プロセスをいずれも3段階で示した。補完者と購買者は段階①と②においてはエコシステムに深く埋め込まれておらず、エコシステムから退出をしやすい可能性が指摘されている（Inoue & Tsujimoto, 2018a; 2018b）。また、段階③に至るまでは、補完者はエコシステムに提供できる価値の規模も比較的小さく、購買者においては消費金額が比較的低い点も示唆されている（Inoue & Tsujimoto, 2018a; 2018b）。補完者・購買者が段階③に至るには時間が必要であり、ハブ企業は、自社だけでなく補完者と購買者、そしてその中の個々の参加者がより先の段階にまで到達できるように、エコシステムを導いていくことが重要になる。そのための方法は、次の**4-4節**の内容に関連している。

また、エコシステムは急速に発展する場合もあれば、緩やかに発展する場合もある。緩やかに発展する場合は、様々な段階にある補完者や購買者が混在することになるが、急速に発展する場合はそうならない場合がある（Inoue & Tsujimoto, 2018b）。後者において注意する必要があるのは、補完者の段階①と購買者の段階①が噛み合わない可能性があることである。補完者の段階①においては、エコシステムへの参加は試行的であり、自身のエコシステムにおける価値が確立できている段階ではない。また、参加は試験的であるため、結果が芳しくない場合には、エコシステムからの早期の撤退も視野に入っている（Inoue & Tsujimoto, 2018a）。一方で購買者は段階①において購入する財は自身の嗜好に基づくというより、販売ランキングや企業の知名度に比較的依存するものである（Inoue & Tsujimoto, 2018a）。そのため、補完者と購買者の段階①が重なると、特定の補完者が提供する製品・サービス（典型的にはハブ企業や一部の有名企業）に、購買が過度に偏る可能性がある（Inoue & Tsujimoto, 2018a）。これは、エコシステムの補完者の多様性や持続可能性を損なってしまうことに繋がるため、こういった現象が生じないような対策をハブ企業は考える必要があると考える。

4-4……崩壊メカニズムの理解と予防

エコシステムの立ち上げに成功したとしても、それはエコシステムの持続可能性を保障することには繋がらない。補完者と購買者が継続してエコシステムに参加して活動を続けていかなければ、エコシステムは崩壊してしまう。ここでは、コア、補完者、購買者、背後の４パターンから始まるエコシステムの崩壊のメカニズムを説明する。そういったメカニズムを理解することは、崩壊現象が発生しないように予防措置を取るうえで重要であると考える。

◆コアから始まるパターン

コアから崩壊が始まるパターンの要因は、対象となるコアが競合するコアに性能や機能等の面で敗北することである。単純な話として、コアの性能や機能が優れている方が、補完者にとってはよりパフォーマンスが高い価値提案を顧客に提供できるし、購買者からすればより高い効用をエコシステムから得ることができる。そのため、他の要素が同等であるなら、当然に性能面や機能面が優れているコアが利用されるようになり、それらの面で劣るコアを持つエコシステムは崩壊する。

ただし、コア間の競争においては、通常の製品・サービス間の競争と同様に、単純にある要素に関する性能・機能の優劣だけで競争の結果が決まるわけではない。エコシステムで生み出される製品・サービスの価格、ブランド、使いやすさ、デザイン、付加価値的なサービス、スイッチングコストなど、それ以外の多くの要素がコアの総合的な価値を決定する。また、性能で劣っていても、コアのポジショニング次第で競争を回避することもできる（Cennamo & Santaló, 2013）。加えて、補完者にとっては、補完財の開発のしやすさや開発環境も、コアの価値に含まれる。例えばNintendo 64とPlayStationとの競争では、Nintendo 64の方が単純な性能面では上回っていたが、ゲームソフトの開発のしやすさ、ゲームソフトの生産性の高さ、補完者の参加のしやすさ、発売時期の早さといった要因はPlayStationの勝利に寄与したと言われている（伊藤, 2007）。もちろん、性能や機能を軽視していいわけではないが、これらを重視しすぎるあまり他の要素を軽視するのは、それもまたエコシステムの崩壊要因になる可能性があるため、注意する必要がある。

◆補完者から始まるパターン

補完者は何らかの目的を持ってエコシステムに参加するが、一般的な企業が補完者として参加する場合を考えれば、エコシステムにおける収益性が補完者にとって重要な要素となる（Inoue & Tsujimoto, 2018a; 2018b）。そのためここでは、収益性に関連する崩壊要因を記述する。

1つ目の要因として、多くの補完者にとって、提供する補完財（製品・サービス）が期待した水準にまで売れない場合がある。この発生原因として第一に、商品の推薦システムの仕組みによって、補完者の商品が売れない状況が生じる可能性がある。特に仲介プラットフォームを利用する場合においては、Webサイトの前面に売れ筋ランキングを掲載したり、また個別の商品ページから人気がある商品ページに飛ぶようにしたりと設計されているのは、よくある構造である。ただし、そういった機能が強く作用し、売れ筋商品以外のものを探すことが難しくなってしまうような場合には、ごく一部の商品に購買が集中し、この問題が顕著になる可能性がある（Inoue, Takenaka, & Takahashi, 2018）。第二に、補完者と購買者がエコシステムにおいて未成熟であった場合に、売れない状況が生じる可能性がある。これは、エコシステムの技術や市場が新規的な状況において補完者が自身の価値を確立しておらず、消費者が自身の嗜好を理解していない状況において、有名な企業に購買が過度に偏ることで生じる（Inoue & Tsujimoto, 2018a）。このような場合には、過度な偏りを改善するための対策（例：推薦システムの見直し、補完者の開発サポートや販売サポート等）をハブ企業が講じる必要が出てくる。

2つ目の要因として、補完財の開発費や生産費がかかりすぎるということがありうる。コアに対して交換不可能な投資を行ってエコシステムに参加する場合には、投資コストの多寡は補完者がエコシステムに参加し、また参加し続けるうえで重要な要素になる。そのコストが過度に大きいと、補完者がイノベーションを起こすためのリソースを奪い、エコシステムの価値を下げることにも繋がる。そのためハブ企業はコアの開発環境を整備し、補完者の開発コストを下げる活動を継続して続ける必要がある。ただし、それに伴う頻繁な仕様変更は補完者の負担となるため（Song et al., 2018）、その頻度は多ければ多いほどいいわけではない。

3つ目の要因として、コアの利用料やエコシステムの参加費が高すぎる場合がある。エコシステムにおける料金体系は基本的なハブ企業に決定権があるため、同じような機能を持つコアでも、提供企業よって大きく料金体系が変わる場合がある。例えば、じゃらんやExpediaをはじめとする宿泊サービス仲介プラットフォームの例を挙げると、これをエコシステムとして見たときの補完者である宿泊事業者への課金は、（2017年のもので少しデータが古いが）宿泊費比率で５％程度から20％に近いものまで、かなりの幅がある（Inoue, Takenaka, & Kurumatani, 2019）。補完者の料金を低くし過ぎると、その分を購買者か他の参加者から徴収することになるので、必ずしも低ければいいというわけではないが、あまり高いと補完者の事業存続に影響が出てしまう。ただ、適切な相場は必ずしも事前に把握できるわけではなく、これはエコシステム間の競争により決まっていく。不適当な料金体系を持つエコシステムは、自然と崩壊に向けて衰退していき、市場構造に対して適切な料金体系を持っていたエコシステムが持続可能性を得る（Inoue, Takenaka, & Kurumatani, 2019）。そのため、ハブ企業は競合するエコシステムの料金体系とその有効性に常に気を付けていく必要がある。

◆購買者から始まるパターン

購買者にとっては、そこに留まることで十分な効用を得続けられるかどうかが、エコシステムに参加し続けるかにおいて重要である（Inoue, Hashimoto, & Takenaka, 2018）。この前提が損なわれるような事態が多くの購買者に対して発生する状況になったとき、購買者を起点にエコシステムは崩壊する。

１つ目の要因は、エコシステムにおける製品・サービスの品質が期待を下回ることである。有名な例は、米国で生じた「アタリショック」と呼ばれる、ゲームプラットフォーム Atari 2600のエコシステムの崩壊である（小川, 2011）。Atari 2600は1977年に発売されたゲームハードウェアであり、発売後しばらくしてキラーソフトが提供されたことで人気に火が付き、大ヒット商品となってゲーム市場をほぼ独占するまでに至った（小川, 2011）。しかしその後、外部のサードパーティの参加を自由としたことで、提供されるゲームソフトの粗製乱造が発生する事態となってしまった。ハブ企業であるアタリ自身が提供したゲームタイトルすらも消費者の期待を下回る劣悪なものであった（小川, 2011）。その結果、米国のゲームプレイヤーはコンソールゲーム離れを起こし、米国のゲーム市場そのものが衰退した（小川, 2011）。一方で、これは結果的に、こういった結末を避けるためにゲームソフトの品質管理システムを導入した、任天堂とファミリーコンピュータの大成功に繋がったともされる（小川, 2011）。このように、購買者が満足できる補完財の提供が継続されるようにエコシステムを促すことは、ハブ企業にとっては重要となる。

2つ目の要因は、エコシステムにおける費用がかかりすぎることである。通常の製品・サービスの費用対効果が低いと、購入されなかったり他者商品に乗り換えられたりするように、エコシステムにおける製品・サービスもまた同様に、費用対効果が低いエコシステムから購買者は退出していく（井上・竹中・車谷, 2018）。前述のように、適切な価格設定を事前に同定することは困難であるため、ハブ企業においては自身が管理するエコシステムと競合するエコシステムの、価格設定の有効性の継続的な観察が重要となる。

3つ目の要因は、エコシステムにおける取引上のトラブルに起因するものである。これには、例えば仲介プラットフォームのインタフェースが使いにくいといったものから、支払いにエラーが出て先に進めない、詐欺に遭った、商品が届かない、届いた商品が破損している、不良品がある、配達員の態度が悪いなど、様々な内容や違った深刻さがありうる。これらは基本的に個別の問題として生じるため、個別に対処していかなければならない。しかし放置してしまったり対処が不十分であったりした場合には、口コミやレビュー評価を通してエコシステムの評判は悪くなり（Buttle & Burton, 2002）、購買者から見放される結果になってしまう恐れがある。

◆背後から始まるパターン

エコシステムの代表的な参加者はハブ企業、補完者、購買者であるが、それ以外にもエコシステムの根幹を支える背後の参加者は存在し得る。例えばテレビゲーム市場のエコシステムでは、小売店が重要な背後の参加者となる。ゲームソフトをパッケージとして販売する小売店がエコシステムに十分に参加していなければ、補完者と購買者はエコシステム内で取引ができず、エコシステムは機能不全となる。スマートフォンアプリケーションのエコシステムにおいては、通信インフラ業者が背後の参加者となる。アプリケーションをダウンロードしたりプレイするための通信環境、特に家庭用の Wi-Fi 環境が整っていなければ、購買者はアプリケーションを十分活用することができず、補完者はアプリケーションに複雑な仕組みを搭載したり頻繁なアップデートをすることができなくなってしまう。同人作品市場のエコシステムにおいては、それを販売するための場や流通を代理で行う業者が、背後の参加者になる。同人作品エコシステムの補完者は多くの場合個人で、企業と違った経営資源やチャネルを持っていないため、こういった第三者による背後の流通販売システムが整って居なければ、エコシステムは成り立たない。

こういった背後の参加者のインセンティブは、補完者同様に基本的には金銭的なものである。そのため、注意すべき点は補完者とほとんど同様である。ただし、補完者と購買者に目を向けるあまりに軽視したり見落としが生じる場合がある（Inoue, Hashimoto, & Takenaka, 2019）ので、ハブ企業はその点に注意が必要である。具体的な事例は第 7 章において紹介するため、ここでは省略する。

第Ⅱ部　エコシステムの研究実例

概要

第Ⅱ部では、ここまで説明したエコシステムの概念に基づいて、筆者がこれまで携わってきた研究の実例を4つ提供する。ここでは、事例分析、実証分析、シミュレーション、アクションデザインリサーチの四種類のそれぞれ別の研究アプローチにより実施した、プラットフォームエコシステムに関する研究成果を記述している。前述のようにこの第Ⅱ部の目的は、研究者や大学院生が新たにビジネスエコシステムの研究を始める際の研究実施方法の参考事例を提供すること、そして実務家がエコシステムを分析するうえでの新たな視点を提供することである。

なお、エコシステムを研究するうえで、必ずしも第Ⅰ部で紹介したエコシステムのすべての観点や要素を含める必要はない。むしろそのようにすることは論点を散逸にし、研究としての纏まりを損なってしまうこととなる。エコシステムの研究を実施するうえで重要なことは、以下に集約される。

A. エコシステムと見なされる研究対象を適切に選択すること。つまり、そもそもエコシステムではない対象を選んで、エコシステムと呼称した研究をしないようにする。
B. 研究の焦点を絞り込む。複雑なエコシステムの中で、特定の現象や要素を対象とする。
C. 先行研究によって培われた知に対する、当該研究によってなされる発展事項を明確にする。
D. 当該研究から得られた知見に基づく、実務への貢献の可能性を示唆する。

つまるところ、エコシステムの研究だからといって、他の経営学系の研究と何ら本質的な違いはない。適切に研究対象を選択して焦点を絞って分析し、知見を出し、それが経営学の理論に、そして実務にどのように役立つかを提示することが、エコシステムの研究において必要不可欠な事項である。

以下に、第Ⅱ部で紹介する研究実例の初出を示す。紙面の制限から、以降の章の内容においては一部の説明を省略している箇所がある。そのため興味を持たれた読者の方は、初出となる文献も参照していただければ幸いである。

第５章：Inoue, Y., & Tsujimoto, M.（2018）. New market development of platform ecosystems: A case study of the Nintendo Wii. *Technological Forecasting and Social Change, 136*, 235-253.

第６章：Inoue, Y.（2021）. Indirect innovation management by platform ecosystem governance and positioning: Toward collective ambidexterity in the ecosystems. *Technological Forecasting and Social Change, 166*, 120652.

第７章：Inoue, Y., Hashimoto, M., & Takenaka, T.（2019）. Effectiveness of ecosystem strategies for the sustainability of marketplace platform ecosystems. *Sustainability, 11*（20）, 5866.

第８章：Inoue, Y., Takenaka, T., Kasasaku, T., Tamegai, T., & Arai, R.（2023）. How to design platform ecosystems by intrapreneurs: Implications from action design research on IoT-based platform. *Electronic Markets, 33*, 9.

なお、いずれの文献もCC BY 4.0（CC BY 4.0ラインセンスとは、原作・原作者の出典を明確に示せば、その作品について改変や営利目的といった、制限がない二次利用が許可されていることを意味する）が適用されるオープンアクセス論文であるため、インターネットを介して誰でも内容を読むことが可能である。掲載している図表は元文献より和訳したものが基本であるが、一部視認性を改善するために大きく改変したものや、新しく追加したものも存在する。これらは適宜図表の注釈にて説明している。

第5章　事例分析

——エコシステムの成功・失敗メカニズムを分析する——

本章では、ビジネスエコシステムを研究するうえでの、事例分析アプローチの一例を紹介する。このアプローチでは、典型的にエコシステムのある成功事例や失敗事例に着目し、そのメカニズムを詳細かつ探索的に分析していくことで、これまでの先行研究では得られていなかった知見を得ることを目指す。この研究アプローチは、他に紹介する３つのアプローチと比較して、エコシステムに関する先行研究や理論への深い理解に乏しくとも手を出しやすいため、特にエコシステム研究の入門者には手が出しやすいものと考えている。本章の内容は、任天堂が2006年に発売したテレビゲームプラットフォームであるWiiの成功の裏に潜んでいたエコシステムの失敗に注目し、そのメカニズムを解き明かすことを目指したものである。

5-1……研究の背景と目的

ゲームのプラットフォーム間競争は、間接ネットワーク効果のメカニズムに従って、インストールベース（ハードウェアを導入した消費者の規模）を早期に獲得したゲームプラットフォームがより多くのソフトウェアの提供を受けることができ、勝利することができるとされる。しかしながら、例外となる事例はいくつか存在する。その１つが、任天堂が提供したWiiである。このプラットフォームは、競合であるPlayStation 3（以下、PS3）よりも早期に大規模なインストールベースを確立したにもかかわらず、PS3よりも先に衰退した。

Wiiは2006年12月２日に、PS3は2006年11月11日に発売された。PS3は、従来のゲームハードウェアの発展の流れに則り、高画質化・高処理能力化によるハードウェアの進化を行ったプラットフォームであった。一方でWiiは画質や処理能力での発展は重視せず、新規技術の搭載と、新規市場の開拓を目指したプラットフォームであった。例えばプラットフォームの処理の能力を示すCPUの性能については、PS3とXbox360が共に3.2［GHz］であったのに対し、Wiiは729［MHz］と、大きく下回っていたことが分かる（Subramanian et al., 2011）。一方で、Wiiのコントローラにはモーションセンサが内蔵されており、それにより従来のボタン操作の方式だけでなく、コントローラそのものを動かすことでのゲームプレイが可能となった。さらに、通常コントローラ以外の様々なインタラクティブなコントローラ（ヌンチャク、Wiiバランスボード、Wiiザッパー、Wiiハンドル等）を用意した。また任天堂は、高処理能力やグラフィックスのための技術の搭載を避けることで、Wiiの価格削減を試みた(Gorman, 2008)。Wiiはゲームプレイの観点だけでなく、家庭環境の観点からもまた、ハードウェアを改良した。任天堂はゲームコントローラをテレビのリモコンのような形とし、リビングに良くフィットするようにハードウェアコンソールを小型化し、静音化のために電力消費量を低下させた（井上, 2009)。そして、Wiiはテレビゲームとの接点が少ないライトユーザ層に焦点を当て、「Wii Fit」などのインタラクティブなゲームタイトルソフトウェアを自ら発売することで、ライトユーザ層へのWiiとそのソフトウェアの拡充を図った(Anthony, 2008)。その結果、Wiiは早期に大規模なハードウェアの販売と市場の拡大に成功し、新規市場を開拓したプラットフォームの成功例として様々な研究で取り上げられた（Anthony, 2008; Gorman, 2008; Almirall & Casadesus-Masanell, 2010; Subramanian et al., 2011; Gawer, 2014; Kim & Maubourge, 2005)。

一方で、Wiiのエコシステムは PS3のエコシステムと比較して短命であった。**図5-1**に、WiiとPS3の日本におけるインストールベースと提供されたソフトウェア数の変化を示す。インストールベースの点では、Wiiは発売直後にはPS3のおよそ2倍から3倍もの量の獲得を達成しており、その後2014年に至っても追いつかれてはいない。一方でソフトウェア提供数の点ではPS3のソフトウェア提供数がインストールベースの拡大に伴って増加していった一方で、Wiiのそれは発売後1～2年で頭打ちになっており、それ以降は大きく減少してしまっている。Wiiの後継機のWii Uの発売は2012年12月であり、Wiiのエコシステムの衰退が始まった2009年からはおよそ3年もの期間がある。そのため、この衰退減少は、次世代プラットフォームへの移行とは無関係である可能性が高いと想定される。また、Wii Uは前世代機のような成功を達成できず、大きな市場シェアを獲得することはできなかった。そのためWiiは新規市場開拓には成功したものの、エコシステムを維持するという点では失敗したと考えることができる。

このようにWiiは、初期の立ち上がりやインストールベースの迅速な拡大

図5－1　WiiとPS3の比較

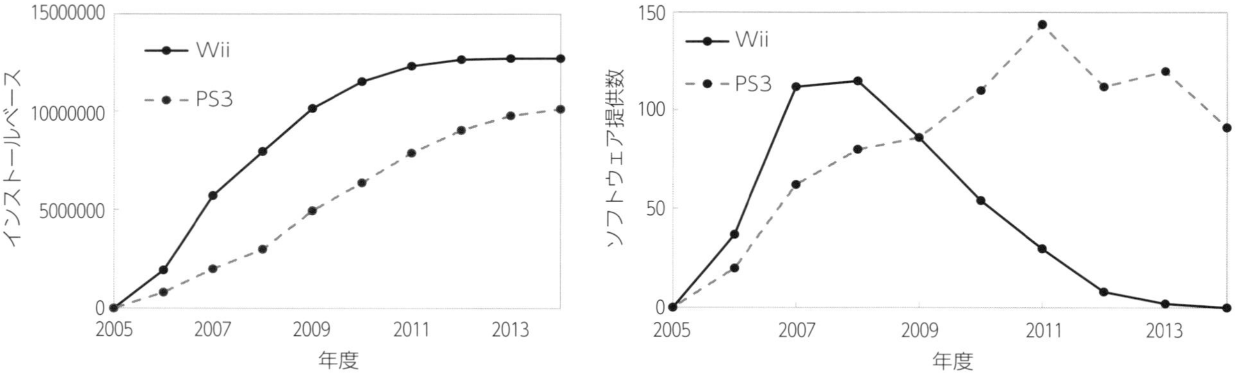

(a) インストールベースの変化：
インストールベースは、ハードウェア販売量の累積値で計算している。

(b) 年間ソフトウェア提供数の変化

注：井上（2017）より図1.1および図1.2を一部改変。

の面では、確かに成功した事例である。ただし、立ち上がり後のエコシステムの維持という面では成功と言い難い。本研究の目的は、このようなプラットフォームエコシステムの通常の発展メカニズムとは異なる挙動を示したWiiを分析することで、エコシステムの発展・衰退における知見を獲得することである。

5-2……手法

◆分析の方針

前述したWiiの特徴から、本研究における分析の主眼を次のように表現する。

「プラットフォーム固有の新規技術によって新規市場が形成され、新たな消費者が参加したとき、補完者と消費者の間の相互作用メカニズムは、既存市場内でのメカニズムと比較してどのように変化し、またそれはエコシステムの発展・衰退にどのような影響を及ぼすこととなるのか。」

このような論点に対処するにあたり、3つの分析を行う必要があると今回は考えた。

第一の分析は、補完者の意思決定に関するものである。補完者は基本的に、間接ネットワーク効果の影響を受け、消費者の規模に基づいて補完財を提供するかどうかの意思決定を行うと想定される。しかしながら、新規技術がプラットフォームのコアとして利用されることで、間接ネットワーク効果の影響力は既存市場の水準と比較して変化する可能性がある。また補完者は新規技術に対する不確実性のリスクを、補完財の開発・提供において考慮する可能性もある。このようにプラットフォーム固有の新規技術により新規市場が生じることで、これまでの補完者の意思決定メカニズムが変化する可能性がある。このような観点から、補完者の意思決定としてのソフトウェア提供数と、それに影響を及ぼすと想定される間接ネットワーク効果に注目して、分析を実施する。

第二の分析は、消費者の意思決定に関するものである。プラットフォームが既存市場に進出する場合には、従来の意思決定メカニズムに基づく消費者が参加すると判断できる。しかしながら新規市場に進出する場合には、違った意思決定メカニズムを持った消費者が参加する可能性がある。今回対象とするテレビゲーム市場における意思決定の結果は、個々のゲームソフトの購買に関するものである。このような観点から、消費者の意思決定の結果としての、ソフトウェア販売量に注目した分析を実施する。

第三の分析は、両者の意思決定の相乗効果についてである。既存市場においては、これまでの補完者と消費者の相互作用の結果として、特定の市場構造が形成されている。また、その既存市場がエコシステムとして持続可能となっている場合には、補完者の財の多様性と消費者の嗜好の多様性が満たされていると考えられる。しかしながら、新規市場の場合には、そのような持続可能な状態が形成されるとは限らない。補完財の提供と消費者の参加が特定の製品カテゴリやレイヤー（例：大ジャンル、小ジャンル、対象年齢）に偏り、多様ではなくなる可能性がある。さらに補完者と消費者のこのような偏りが相乗効果を生み出した場合、消費者による購買に偏りが生じ、補完者の生存可能性を阻害する状態が生じることも想定される。このような観点から、補完者のソフトウェア提供と消費者のエコシステムへの参加における相乗効果に着目した分析を行う。

◆データ

本研究では、日本のテレビゲーム市場におけるデータを取得した。データ取得においては、株式会社角川アスキー総合研究所によって提供されている、日本のゲーム市場におけるデータベースである f-ism.net.（https://f-ism.net/）を活用した。本データベースからは、各ソフトウェアのタイトル名、提供プラットフォーム、提供者、価格、発売日、販売量（週間、月間）、ジャンルに関するデータを取得した。ハードウェアについては、週間および月間の販売量を取得した。ジャンルのデータは、前述の製品カテゴリの説明と対応して、大ジャンルと小ジャンルを含む。「その他」や「データなし」の区分を除き、大ジャンルは22種、小ジャンルは414種存在した。ただ、この分類は分析には過多であったため、類似の意味を持つジャンルは統合するものとした。

対象年齢のデータは f-ism.net には含まれていなかったため、CERO（コンピュータエンターテインメントレーティング機構）の Web サイト（https://www.cero.gr.jp/）から取得した。CERO は、日本のテレビゲーム市場で発売されるすべてのソフトウェアに対して、統一的な対象年齢のレーティングを行っている、非営利組織である。対象年齢は、A（全年齢対象）、B（12歳以上対象）、C（15歳以上対象）、D（17歳以上対象）、Z（18歳以上のみ対象）に分類される。ただし、D と Z はそれぞれサンプル数が比較的少ないため、「18歳以上対象」として統合した。

加えて、各ソフトウェアが通常版であるかどうかについて調査した。これは、一度発売されたソフトウェアの廉価版や、数量が限られた限定版、また旧作とセットの商品などを、区別しておくためである。方法として、各ソフトウェアの名称を確認することで対応した。非通常版のソフトウェアは、総ソフトウェア販売量の指標の計算以外においては、分析から除外した。

本研究の分析期間は、Wii の発売日から、後継機である Wii U の発売日までとした、Wii の販売日は2006年12月 2 日で、Wii U の発売日は2012年12月 8 日であるため、分析期間は約 6 年間となる。この期間において、Wii には510のゲームソフトウェアが、PS3には846のゲームソフトウェアが提供された。

◆ Wii のエコシステムにおける 2 つの市場

前述のように、Wii は新規技術を搭載したプラットフォームによって新規市場とそのエコシステムの開拓を目指し、実際にそれを実現した。任天堂は、Wii を他のゲームハードウェアから、革新的なモーションセンサコントローラを活用して差別化し、ゲームプレイを簡単化することで、カジュアルゲームプレイヤーをターゲットとした（Anthony, 2008）。その一方で、Wii は従来型のゲーム形式のソフトウェア提供を許容し、また従来型のゲームコントローラもまた保持することで、既存市場のためのスペースを保持した。そのため Wii は、新規市場と既存市場の 2 つの市場をエコシステムに内包していたと言える

(PS3はこの意味では既存市場のみを含む)。

本研究は、従来型のゲーム形式でプレイするために従来型のゲームコントローラを活用するソフトウェアを、既存市場のソフトウェアとして定義した。反対に、モーションセンサ技術に向けてゲーム内容を特別化するために、従来型コントローラが使用不可能となっているソフトウェアを、新規市場のソフトウェアとして定義した。このように、従来型コントローラの使用可否によって、ソフトウェアを二種類に分類するものとした。既存市場と新規市場の区分は、これらの分類されたソフトウェアに基づいて行った。

この処理を行うために、Wii に提供された各ソフトウェアについて任天堂の Web サイトと各ソフトウェアの Web サイトを確認し、それぞれの従来型コントローラの使用可否のデータを収集した。なお、従来型コントローラは、「クラシックコントローラ」および「ゲームキューブコントローラー」を含む。結果として、約69%のソフトウェアが新規市場向けのもの、残りが既存市場向けのものと判定された。

◆分析モデル

本研究では前述の３つの分析に対応した３つの分析モデルを構築する。モデル化の際には、先行研究を参照しつつ、本研究の対象である新規市場開拓を目指すプラットフォームエコシステムの分析に適用できるように、その改良や追加を行った。ただし紙面の制限から、各モデルの導出過程については本書では省略する。

１つ目の分析モデルは補完者のソフトウェア提供に関するモデルであり、次のように表現される。

$$\ln \Delta \widehat{N}_{A,t} - \ln \Delta \widehat{N}_{B,t} = \beta_p (\ln \Delta N_{A,s} E_{A,s} - \ln \Delta N_{B,s} E_{B,s}) + \zeta + C\,.$$

左辺はある期間における２つの市場を比べたときのソフトウェア提供数の比率、右辺は２つの市場における販売量の期待値の比率を意味している。t と s は期間を意味し、それぞれ12ヶ月間と24ヶ月間である。後者はソフトウェア開発期間のばらつきを考慮して、前者より長くなっている。期間 t の始点から期間 s の終点までは、ソフトウェア開発期間を考慮して12ヶ月の区間を置いている。$\Delta\widehat{N}_{A,t}$ と $\Delta\widehat{N}_{B,t}$ は非プラットフォーム提供者によるソフトウェア提供数である。A と B は、2つの比較するプラットフォーム市場を示す。これらの組み合わせは次の3パターンを想定する：(A, B) ＝（Wii の新規市場, PS3の市場）、（Wii の既存市場, PS3の市場）、（Wii の新規市場, Wii の既存市場）。$\Delta N_{A,s}$ と $\Delta N_{B,s}$ は、プラットフォーム提供者を含めたソフトウェア提供数を意味する。$E_{j,s}$（j には A か B が入る）はソフトウェア1本あたりの販売量の期待値であり、以下の式で計算される。

$$E_{j,s}=\sum_{n=0}^{\infty}\mathrm{mean}\left(\widehat{sales}_{range_n,j,s}\right)\frac{p_{range_n,j,s}{}^{\beta_r}}{\sum_{n=0}^{\infty}\left(p_{range_n,j,s}{}^{\beta_r}\right)}.$$

$\widehat{sales}_{range_n,j,s}$ は、$range_n$ における平均ソフトウェア販売量である。$range_n$ はソフトウェアの販売量帯を意味しており、$range_n=[\exp(n), \exp(n+1)]$ として表現される。$p_{range_n,j,s}$ はある販売量帯のソフトウェアの生起確率である。これに β_r がかかっているが、これは補完者全体のリスク選好度合いを意味する。つまり、$p_{range_n,j,s}$ が1から低くなるほど、生起確率が低い事象、この場合ではソフトウェアの大ヒットへの荷重が大きくなる。逆に1より大きくなるほど、生起確率が低い事象への荷重が小さくなる。最後に、β_p は偏回帰係数、ξ は誤差項、C は定数項である。この分析では、単純な最小二乗法の線形回帰モデルを用いて推定を行う。ただし、β_r は繰り返し計算によって最適値を求める方法をとる。

2つ目の分析モデルは消費者のソフトウェア購買に関するモデルであり、以下のように表現する。

$$
\begin{aligned}
\ln sales_{j,k,u} - \ln BS_{j,u} \\
&= \sum_{a=Attribute_1}^{Attribute_m} \beta_a Dummy_{a,k} + \beta_{price} \ln \rho_k + \beta_{pl} Dummy_{pl,k} \\
&+ \beta_{famous} \ln famous_k + \beta_{m1} Dummy_{January,k} + \beta_{m11} Dummy_{November,k} \\
&+ \beta_{m12} Dummy_{December,k} + \xi + C.
\end{aligned}
$$

k はあるゲームソフトの ID、j はあるプラットフォーム市場を意味する。ここでの u はそのゲームソフト発売後12ヶ月間の期間を意味する。$sales_{j,k,u}$ は、あるゲームのある市場における発売１年後までの販売量である。$BS_{j,u}$ は、その市場におけるある期間の基礎販売量で、その範囲におけるソフトウェア１本当たりの平均販売量として計算される。β はそれぞれの変数の偏回帰係数を意味する。ρ はそのソフトウェアの価格、$Dummy_a$ はソフトウェア属性（対象年齢、大ジャンル、小ジャンル）のダミー変数、$Dummy_{pl}$ はプラットフォーム提供者かどうかのダミー変数、$famous$ はそのソフトウェア提供者の Wii 発売時点の有名度合い（2001～2005年の５年間の各企業のソフトウェア販売量の総和として計算）、$Dummy_{January}$、$Dummy_{November}$、$Dummy_{December}$ は年末商戦を考慮した１月、11月、12月のダミー変数である（当該月に発売されれば１、それ以外は０）。最後に、β_p は偏回帰係数、ξ は誤差項、C は定数項である。この分析でも、単純な最小二乗法の線形回帰モデルを用いて推定を行う。

３つ目の分析モデルは、両者の意思決定の相乗効果の分析である。具体的には、各属性におけるソフトウェアの、消費者のエコシステム参加に及ぼす影響力を推定するものである。また、各属性におけるソフトウェア提供数や、各属性に興味を持って参加した消費者の規模の比較もここでは実施する。ここでの分析モデルは次のとおりである。

$$
IB_{j,a,v} = \beta_{IB,a} N_{j,a,v} + \xi.
$$

a は属性の ID を意味する。属性には、対象年齢、大ジャンル、小ジャンルが含まれる。j はプラットフォーム市場を意味する。ここでの v は、週単位に

図5-2　提案モデルの循環系

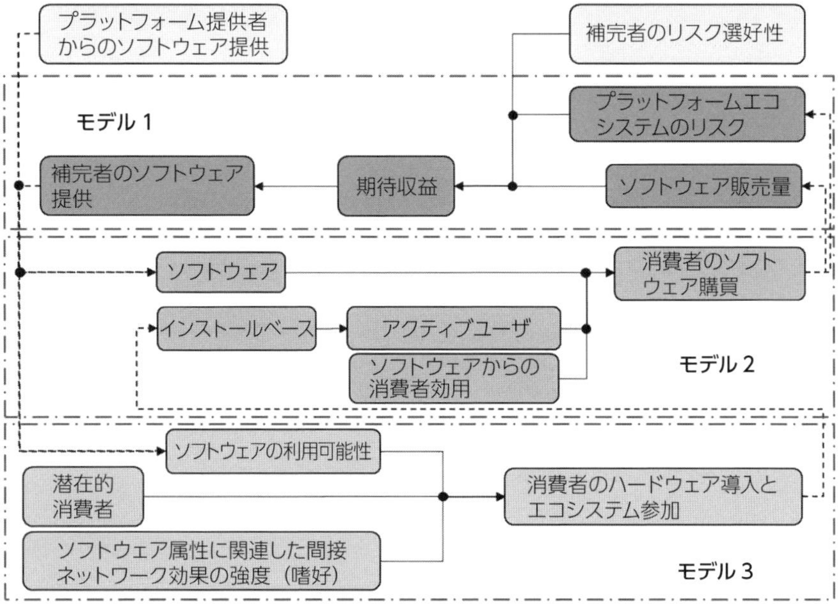

注：実線はモデル内の結合を、破線はモデル間の概念的な結合を示す。

おけるある時点を意味する。$IB_{j,a,v}$ は、ある期間（週単位）・市場において、ある属性 a の全体に対するソフトウェア販売量比率を計算し、その期間・市場におけるハードウェア販売量を掛け算した値の、時点 v までの累積値である。$N_{j,a,v}$ はある市場・属性における時点 v までのソフトウェア提供数で、$\beta_{IB,a}$ はそれにかかる係数、ξ は誤差項である。なお、本モデルでは定数項は含めない。これは、定数項を含めると、ソフトウェア提供に依存しないハードウェア単独での購入を考慮にいれることになるためである。本分析でもまた、単純な最小二乗法の線形回帰モデルを用いて推定を行う。

これらのモデルにテレビゲーム市場の実データを適用し、定量的な実証分析を行った。なお、これらのモデルは図5-2に示すように、概念的にプラットフォームエコシステムの循環系を構成する。モデル1はソフトウェア開発に関する時間ずれをモデル内に含むため、この循環系は時系列的に遷移する。

表 5-1　補完者のソフトウェア提供についての回帰結果

	$\ln \Delta \widehat{N}_{At} - \ln \Delta \widehat{N}_{Bt}$					
	A: Wii（新規市場） B: PlayStation 3		A: Wii（既存市場） B: PlayStation 3		A: Wii（新規市場） B: Wii（既存市場）	
β_p	1.46**	(0.07)	2.28**	(0.25)	0.65**	(0.06)
C	-1.33**	(0.05)	0.00	(0.20)	-0.11	(0.06)
観測点数	49		48		48	
調整済み決定係数	0.91**		0.63**		0.69**	

注：** p <0.01。括弧内の数値は標準誤差を示す。β_r の最適値は2.3であった。

5-3……結果

本分析における、3つの分析結果それぞれを、以下に記述する。

◆分析１：補完者のソフトウェア提供

まず、事前の繰り返し計算に基づき、β_r の最適値は2.3であることを確認した。したがって、これらのプラットフォームエコシステム内の補完者は、販売量の不確実性についてリスク回避的であったことが示唆された。次に**表5-1**に、分析１の回帰分析の結果を示す。β_p は、Wii の新規市場と PS3の市場の間の比較では1.46（p<0.01）、Wii の新規市場と PS3の市場の間の比較では2.28（p < 0.01）、Wii の新規市場と p 既存市場の間の比較では0.65（p < 0.01）であった。このように、すべての場合において、期待利得の割合はソフトウェア提供に正の影響を及ぼしていたことが示された。特に、Wii の既存市場と PS3の市場の比較において、β_p は他の２パターンの結果より大きかった。この結果は、既存市場間の競争では、補完者のソフトウェア提供は間接ネットワーク効果により比較的大きな影響を受けることを示唆している。また、Wii の新規市場と PS3の市場の比較において、定数項 C が-1.33（p < 0.01）であった。この結果は、PS3のエコシステムは、Wii の新規市場のエコシステムよりも、定常的に補完者を誘引していたことを示唆するものである。

図5-3　各エコシステムへのソフトウェア提供数

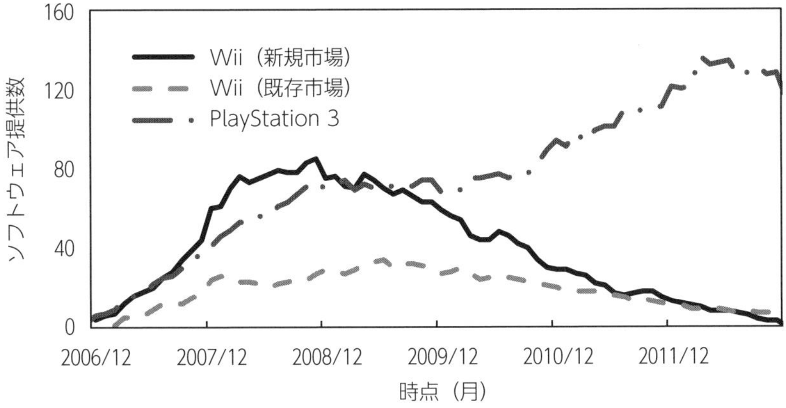

これらの結果を解釈するために、いくつかの図を提供する。**図5-3**は、各市場におけるソフトウェア提供数 $\Delta\widehat{N}_{j,t}$ を示している。期間 t は、図中の x 軸における時点から12ヶ月間を指す。このグラフは、Wii の新規市場は初期（2006年から2008年）において、PS3よりも多くのソフトウェア提供を受けたことを示す。しかしながら、Wii の新規市場におけるソフトウェア提供数は2008年から減少し、一方で PS3へのソフトウェア提供は継続的に増加したことが示される。Wii の既存市場におけるソフトウェア提供もまた、2009年から減少したことがわかる。また、**図5-4**は計算された総期待利得 $\ln \Delta N_{js}E_{js}$ を示す。y 軸の数値は、図中の x 軸におけるある時点から24ヶ月間の和を示す。**図5-4(a)** は販売量の不確実性へのリスク選好性の重みを考慮しない、総期待利得（つまり、単純な総ソフトウェア販売量）を示す。このグラフは、分析期間のほとんどにおいて、Wii のプラットフォームエコシステムにおける総販売量は、PS3のそれを上回っていたことを示している。一方で、**図5-4(b)** は販売量の不確実性へのリスク選好性の重みによって修正された総期待利得を示すものである。本グラフは、Wii の両プラットフォームエコシステムの期待利得は PS3のものと比べて、補完者のリスク回避的性質によって大きく減少したことを示している。これらの結果は、Wii のエコシステムにおいてより大きな販売量の偏りが存在しており、それにより補完者は Wii の市場をインストールベースの規模に

図 5 - 4　計算された総期待利得

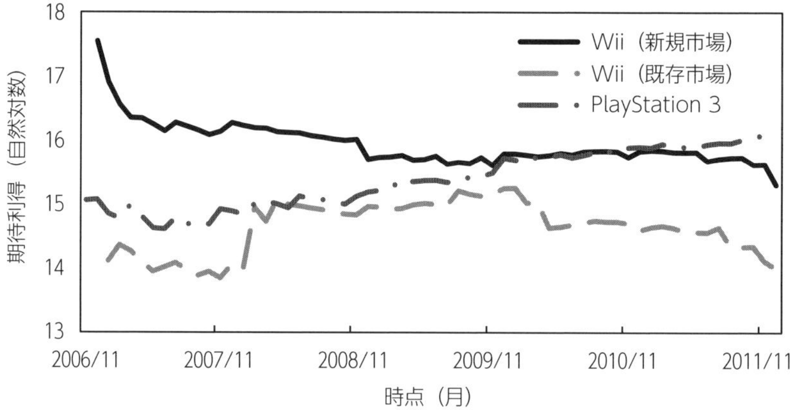

(a) 販売量の不確実性へのリスク選好性の重みを考慮しない総期待利得

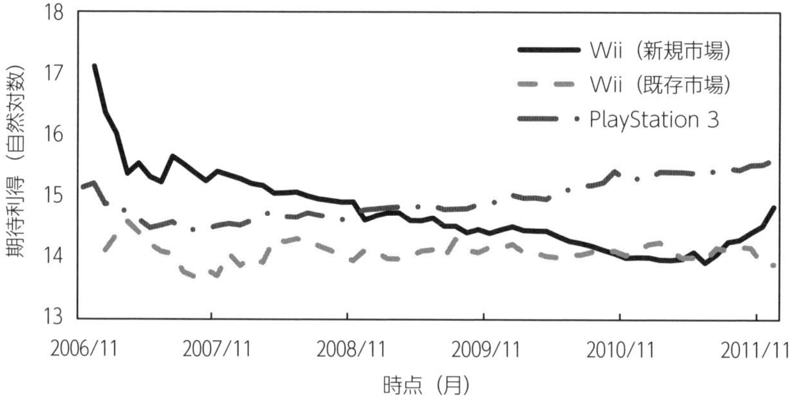

(b) 販売量の不確実性へのリスク選好性の重みを考慮した総期待利得
($\beta_r = 2.3$)

よって示されるほどには収益可能であるとは見なしていなかったことを示唆している。

◆分析２：消費者のソフトウェア購買

表5-2に、消費者のソフトウェア購買に関する回帰分析結果を示す。まず、属性の影響 β_a について、各市場においていくつかの有意な影響が見られた。Wiiの新規市場の場合には、大ジャンルでは「RPG」と「バラエティー」が、小ジャンルでは「フィクションキャラクター」が、有意に正の影響を示した（$p < 0.05$）。Wiiの既存市場では、「対象年齢12歳以上」の属性は有意に負の影響を示した（$p < 0.05$）。PS3の場合には、大ジャンルでは「RPG」と「アクション」が、小ジャンルでは「フィクションキャラクター」、「戦争」、「歴史」が、有意に正の影響を示した（$p < 0.05, p < 0.01$）。一方で、大ジャンルの「シューティング」と小ジャンルの「映画」は、有意な負の影響を示した（$p < 0.05, p < 0.01$）。まとめると、Wiiの新規市場とPS3のエコシステムの間においては、誘引的な属性には差異があり、消費者セグメントが分かれていたことが伺える。Wiiの既存市場ではジャンルの属性は購買に影響を及ぼさず、その他の要因が購買を決定付けていたことが示唆された。

β_{price} で示される価格の影響については、Wiiの既存市場とPS3において有意に正となり（$p < 0.05, p < 0.01$）、それぞれの係数は1.61と2.80であった。これは、これらのエコシステム内の消費者によるソフトウェアの購買量は、価格の上昇に伴って増加する傾向にあったことを示唆する。この現象は、ソフトウェアの価格がソフトウェアの品質を反映しているためであると解釈できる。特にPS3のエコシステム内の係数はより大きく、本プラットフォームエコシステム内の消費者は、ソフトウェアの品質に対して、より敏感であった可能性がある。

プラットフォーム提供者の影響力 β_{pl} はすべての市場において有意に正であり、その係数はそれぞれ、Wiiの新規市場で2.39（$p < 0.01$）、Wiiの既存市場で1.08（$p < 0.05$）、PS3で1.09（$p < 0.01$）となった。つまり、いずれの市場においてもプラットフォーム提供者による補完財は、より誘引的な影響を持つことが示された。ただし、Wiiの新規市場における係数は、その他２つのプ

表 5-2 消費者の補完財購買の回帰分析結果

		$\ln TotalSales_{jkt} - \ln r_{\alpha} \frac{\widetilde{IB_{jt}A_{jt}}}{\Delta N_{jt}}$					
		Wii（新規市場）		Wii（既存市場）		PlayStation 3	
	対象年齢：12歳以上	0.00	(0.28)	−0.87*	(0.39)	0.05	(0.17)
	対象年齢：15歳以上	−0.02	(0.42)	0.59	(0.58)	0.07	(0.19)
	対象年齢：18歳以上	0.96	(0.63)	−0.25	(0.90)	0.05	(0.20)
	大ジャンル：RPG	1.23*	(0.49)	0.73	(0.59)	0.80**	(0.26)
	大ジャンル：アクション	0.13	(0.22)	0.57	(0.37)	0.61**	(0.19)
	大ジャンル：アドベンチャー	−0.22	(0.26)			−0.15	(0.21)
	大ジャンル：シミュレーション	−0.18	(0.43)	0.26	(0.48)	0.37	(0.26)
	大ジャンル：シューティング	0.63	(0.48)			−0.52*	(0.21)
	大ジャンル：バラエティー	0.83*	(0.35)				
	小ジャンル：SF	−0.48	(0.42)			0.22	(0.20)
	小ジャンル：コミカル	−0.73	(0.38)				
	小ジャンル：サスペンス					0.34	(0.45)
	小ジャンル：スポーツ	0.32	(0.27)	0.27	(0.42)	−0.19	(0.24)
	小ジャンル：パーティー	−0.18	(0.31)				
β_a	小ジャンル：バイオレンス					0.53	(0.30)
	小ジャンル：パズル	−0.59	(0.46)				
	小ジャンル：パチンコ					0.22	(0.42)
	小ジャンル：フィクションキャラクター	0.65*	(0.29)	0.22	(0.43)	0.72**	(0.26)
	小ジャンル：フィットネス	0.57	(0.44)				
	小ジャンル：ホラー	−0.14	(0.54)			0.59	(0.32)
	小ジャンル：レース	−0.09	(0.41)	−0.75	(0.53)	−0.10	(0.28)
	小ジャンル：映画	0.48	(0.48)			−1.17**	(0.35)
	小ジャンル：音楽	0.58	(0.39)				
	小ジャンル：競馬					−0.18	(0.47)
	小ジャンル：戦争					0.63*	(0.25)
	小ジャンル：対戦			0.44	(0.49)	0.43	(0.27)
	小ジャンル：アドベンチャーファンタジー	0.23	(0.28)	0.12	(0.46)	0.30	(0.22)
	小ジャンル：歴史					0.61*	(0.30)
	小ジャンル：恋愛					0.07	(0.39)
β_{price}		0.21	(0.41)	1.61*	(0.79)	2.80**	(0.01)
β_{pl}		2.39**	(0.22)	1.08*	(0.54)	1.09**	(0.21)
β_{famous}		0.11**	(0.02)	0.10**	(0.04)	0.05**	(0.30)
β_{m1}		0.15	(0.39)	0.52	(0.58)	0.06	(0.24)
β_{m11}		0.93**	(0.27)	0.48	(0.41)	0.22	(0.16)
β_{m12}		0.83**	(0.19)	0.64	(0.34)	0.38*	(0.18)
β_0		−6.49	(3.57)	−17.71*	(6.84)	−27.34**	(2.67)
Observations		315		125		574	
Adjusted R-squared		0.48**		0.20**		0.31**	

注：$^{**}p < 0.01$; $^{*}p < 0.05$. 括弧内の数値は標準誤差を示す。ジャンルにおける空白部分は、そのジャンルに該当するゲームがその市場で存在しなかったことを意味する。

ラットフォームエコシステムのものと比較して、2倍以上であった。これは、Wii の新規市場のエコシステム内の消費者は、プラットフォーム提供者によって提供されたソフトウェアを、より多く偏って購買する傾向にあったことを示唆する。

ソフトウェア提供者の有名度合い β_{famous} はすべての市場において有意に正であり、その係数はそれぞれ、Wii の新規市場が0.11（$p < 0.01$）、Wii の既存市場が0.10（$p < 0.01$）、PS3が0.05（$p < 0.01$）となった。この結果は、いずれの市場の消費者も、有名な企業が提供するソフトウェアにより誘引されることを示している。ただし、Wii のエコシステムにおける係数は PS3のそれの約2倍となっており、Wii の消費者はより企業の名称に注目して、購買を行う傾向にあったことを示している。

年末年始のイベントの影響力について、Wii の新規市場においては β_{m11} は有意に正で係数は0.93（$p < 0.01$）、β_{m12} は有意に正で係数は0.83（$p < 0.01$）であった。PS3においては β_{m12} が有意に正で係数は0.38であった（$p < 0.05$）。Wii の既存市場においては、有意性は確認されなかった。これらの結果は、Wii の新規市場の消費者の購買は、年末年始のイベントからより強い影響を受けていたことが示唆された。

前述の結果は、以下のように要約できる。製品カテゴリに基づく消費者セグメントは、Wii の新規市場と PS3の市場におけるプラットフォームエコシステムの間で差別化されていた。Wii の新規市場におけるソフトウェア購買は、特にソフトウェアの提供者がプラットフォーム提供者かどうか、あるいは有名かどうかのような、提供者ベースの要素によって影響を受けていた。加えて、年末年始のイベントの存在からもまた、Wii の新規市場のソフトウェア購買はより大きな影響を受ける傾向にあった。このように、Wii の新規市場では、ソフトウェアの購買は特定の条件を満たしたソフトウェアに集中する傾向にあった。この結果は、多様な補完者がそのエコシステム内で、収益を獲得することを困難にしていたことを示唆する。

◆分析 3 ：両者の意思決定の相乗効果

図5-5は、上記分析モデルにおける、IB_{ja}（インストールベース）、β_{IBa}（ソフトウェアが消費者のエコシステム参加に及ぼす影響力）、N_{ja}（ソフトウェア提供数）について、属性ごとに数値を表示したものである。見やすくするために、それぞれの相対的値が大きいほど、色が濃くなるようにしている。なお、非常に単純なモデルであるため、すべての例において $\beta_{IB,a}$ は有意に正であった（すべて $p < 0.01$）。

ここではすべての数値パターンを説明すると冗長になるため、全体の傾向のみを概説する。結果として、Wii の両市場は PS3の市場と比較して、各属性レイヤーにおけるインストールベースの属性（つまり参加者の属性）が特定のものに集中していたことが明らかになった。対象年齢と大ジャンルのレイヤーにおける集中は、補完者が特定のジャンルに偏ってソフトウェアを提供したことによって生じたことが、図5-5から読み取れる。また、小ジャンルの領域においては、消費者側のエコシステム参加への影響力の程度の部分における偏りによって発生したことが確認される。これら両者の相乗効果により結果として、インストールベースにおける属性の偏りが生じたことが示唆される。

5-4……考察

◆結果の解釈

図5-2に示したように、本研究のモデルはプラットフォームエコシステム内の循環系として、概念的にそれぞれ結合している。この観点から、Wii のエコシステムの早期の衰退メカニズムに関する考察を行う。

Wii のプラットフォームエコシステムの補完者の多くは、対象年齢と大ジャンルを集中化させた（図5-5）。これは、それらの製品カテゴリが、任天堂が補

図5-5　分析3の結果

	インストールベース			参加への影響力の強度			ソフトウェア提供数		
	Wii（新規市場）	Wii（既存市場）	PS3	Wii（新規市場）	Wii（既存市場）	PS3	Wii（新規市場）	Wii（既存市場）	PS3
対象年齢：全年齢	9449009	2121468	2793403	37315	22990	15588	257	89	201
対象年齢：12歳以上	378370	170771	2329129	12907	6912	23115	32	24	113
対象年齢：15歳以上	122094	252040	1016305	7712	35158	11729	18	8	103
対象年齢：18歳以上	97531	20850	2135863	12920	7657	15085	8	3	160
大ジャンル：RPG	305229	319175	1650434	34776	18033	26933	10	15	70
大ジャンル：アクション	6159873	2137807	6021874	29126	24255	15700	206	91	411
大ジャンル：アドベンチャー	488908	0	882384	9919	0	13469	50	0	79
大ジャンル：シミュレーション	23433	156498	343789	1813	13449	9989	14	13	36
大ジャンル：シューティング	163555	0	925106	12733	0	11554	13	0	86
大ジャンル：バラエティー	628729	0	0	28610	0	0	24	0	0
小ジャンル：SF	115240	0	1281514	8448	0	22061	14	0	74
小ジャンル：コミカル	60955	0	0	2663	0	0	15	0	0
小ジャンル：サスペンス	0	0	62953	0	0	6782	0	0	11
小ジャンル：スポーツ	2713579	166493	1120464	51505	9227	14317	54	19	82
小ジャンル：パーティー	2225051	0	0	72372	0	0	36	0	0
小ジャンル：バイオレンス	0	0	451629	0	0	17023	0	0	31
小ジャンル：パチスロ	0	0	9826	0	0	516	0	0	13
小ジャンル：フィクションキャラ	164107	172173	967693	5005	10209	31679	33	18	35
小ジャンル：フィットネス	1419014	0	0	129176	0	0	13	0	0
小ジャンル：ホラー	183938	0	370683	16766	0	16624	13	0	21
小ジャンル：レース	67866	683522	578553	5087	71220	20218	14	10	38
小ジャンル：映画	0	0	18418	0	0	1029	14	0	17
小ジャンル：音楽	225822	0	0	13008	0	0	16	0	0
小ジャンル：競馬	0	0	38262	0	0	3373	0	0	10
小ジャンル：戦争	0	0	970264	0	0	19189	0	0	56
小ジャンル：対戦	0	442697	414930	0	37960	12988	0	13	37
小ジャンル：冒険ファンタジー	2370824	633373	1959889	46931	21533	19182	49	24	107
小ジャンル：歴史	0	0	770763	0	0	30629	0	0	30
小ジャンル：恋愛	0	0	59489	0	0	6077	0	0	17

注：視認性向上のために、各縦軸の値における相対的大きさに従って、セルの背景色を暗くしている。なお、本図は元文献では棒グラフ形式で示されていたが、本書では視認性向上のために改変している。

完者に成功例を示して見せた、新規市場における成功したカテゴリであったためと考えられる。このように補完者は、Wiiの新規市場で成功がみられた対象年齢と大ジャンルを選択し、小ジャンルでこれまで自身が行ってきたような差別化を行うことで、ソフトウェアを提供したことが伺える（図5-5）。しかしながら、プラットフォームエコシステムにおける消費者の参加には、一部の小ジャンルしか大きな影響を及ぼしてはいなかった（図5-5）。一方で大ジャンルは多様な製品カテゴリで消費者の参加に貢献した一方で、補完者はこのレイヤーでは多様化を行わなかった（図5-5）。このように、補完者の行動と消費者の行動と性質による相乗効果は、結果として特定の消費者セグメントの集中に繋がったと考えられる（図5-5）。

また、新規市場における消費者のソフトウェアの購買は、企業名と季節性に対して既存市場と比較して強く影響される傾向にあった（表5-2）。このような消費者の購買行動は、ソフトウェアの購買の集中を導くことになる。実際にWiiの新規市場ではソフトウェア販売量の比較的大きな偏りが生じており、それによりリスク回避的な補完者は、このエコシステム内の期待利得を低く見積もることとなったと想定される（図5-4）。さらに、新規市場と既存市場の間の競争の場合においては、補完者のソフトウェア提供への間接ネットワーク効果の強度と、補完者への新規市場の誘引性は、比較的小さくなっていた（表5-1）。これによりWiiの新規市場において獲得された多量のインストールベースは、補完者のソフトウェア提供数の増加に、大きく貢献することができなかったと考えられる。最終的に、Wiiのエコシステム内の新規市場から補完者は退出した。それによりゲームソフトウェアの提供は減少し、新たな消費者もまたエコシステムに参加しなくなっていき、エコシステムは早期に衰退した。

このように本研究の分析結果は、補完者の製品提供における選択、消費者の購買行動における選択、両者の意思決定の相乗効果の観点から、Wiiのプラットフォームエコシステムの衰退に影響したメカニズムを示唆した。

◆理論的インプリケーション

先行研究は、同じ市場を対象とする2つのプラットフォームエコシステムの間の競争に焦点を当て、補完者と消費者の間の間接ネットワーク効果の分析モデルを構築してきた（Clements & Ohashi, 2005; Zhu & Iansiti, 2012）。そのモデルにおいては、補完者の製品提供には、消費者のプラットフォーム導入によるインストールベースが決定的な役割を果たすことが前提となっている。同様に、消費者のプラットフォーム採択には、補完財の数が決定的な役割を果たすことが想定されている。しかしながら、新規市場開拓を目指すエコシステムは、既存市場と同様のメカニズムで発展するとは限らない。そのため、これらの先行研究が示した前提は、新規市場の場合にはそのまま適用できない可能性がある。このような課題に対して、本研究は日本のテレビゲーム市場におけるWiiの事例を用いて、分析を行った。

結果として、新規市場開拓を目指すプラットフォームエコシステムでは、既存市場の発展を目指すプラットフォームエコシステムと比較して、多くの差異が確認された。既存市場からの補完者は常に新規市場から退出して既存市場に戻ろうとし、間接ネットワーク効果の影響力は既存市場のものよりも小さいことが確認された。また、提供するソフトウェアは、独自のポジショニングよりもその新規市場で成功したソフトウェアを模倣することを優先させ、結果として補完財間の差別化のレベルを低下させる可能性を示した。消費者は補完財の購入においてコンテンツレベルでの差別化の影響を受けにくく、企業レベルやイベントレベルの特定の要素から、より強い購買への影響を受ける傾向にあることが確認された。これらの減少の発生は、プラットフォームエコシステムを悪循環の状態へと向かわせてしまい、補完者の撤退から始まるエコシステムの衰退に繋がることを考察した。これは先行研究では指摘されていなかったメカニズムであることから、本研究はプラットフォームエコシステムの研究領域を拡張するものであると考える。

◆実践的インプリケーション

本分析の結果に基づき、新規市場開拓を目指すプラットフォーム提供者への3つの提案を示す。

第一に、プラットフォーム提供者は、本研究で同定されたエコシステムの衰退に繋がる構造的問題を解消するように意識することが望ましいと言える。Wiiの新規市場の例では本研究が示したように数多くの要因により、図らずも任天堂はエコシステムから過度に利益を獲得することとなった。補完者はその逆に利益を獲得できず、エコシステムの衰退に繋がったと考えられる。ここでのいくらかの要因はプラットフォーム提供者にとって制御不可能であるが、いくらかはそうでもない。例えば仮に、プラットフォーム企業がより様々なタイプのソフトウェアを提供することで特定属性での模倣の集中を回避できたなら、新規市場のエコシステムはより長命になった可能性もある。このように、エコシステムの衰退に影響し得る個別具体的な問題を特定し、それを解消する試みをプラットフォーム提供者は意識するべきである。

第二に、プラットフォーム提供者は、プラットフォームのコアとなる技術に新規付随する、初期の価値提案を再考することができる可能性がある。Wii のモーションセンサとカジュアルユーザのコンセプトは確かに革新的なものであったが、これに身体動作のゲーム性を結び付けることで、「アクション」のジャンルをはじめとした、特定の属性に容易に結びついてしまったことが考えられる。ここで、Wii と同様に新規技術とともに新規市場を開拓した例として、DS が挙げられる。DS はタッチスクリーン技術を用いて新規市場を開拓し、世界的な成功を達成した（Tobin, 2012）。一見すると Wii と DS は同様のプラットフォーム普及戦略に従ったようにも思えるが、DS は Wii のように早期には衰退しなかった。これは DS のタッチスクリーンの技術は、Wii の技術とは反対に、ゲームコンテンツを拡張するように働いたためと考えられる。このように、プラットフォームのコア技術は補完者の製品のコンテンツを制限するように設計されるべきではなく、またそのような価値提案がプラットフォーム提供者からなされるべきではないと主張したい。

第三に、プラットフォーム提供者は新規市場を開拓するとき、新たな補完者を探索することができる可能性がある。例えば、Wii Fit をはじめとした、フィットネスのような新規のソフトウェアジャンルを探求することを目指すとき、適切な補完者は他の産業領域に存在する可能性も考えられる。Wii Fit の成功はフィットネスゲームの新規性だけでなく、任天堂の高レベルのゲームコンテンツを生産する能力に起因していると考える。補完者たちはこのような優れたゲームを創出しようと試みたものの、実現はできなかった。一方で、もし Wii のプラットフォームエコシステムがフィットネス業界等の新規市場のコンテンツに関する専門的な企業をより含んでいたなら、エコシステムはさらなる発展可能性を持つことができた可能性がある。このように、エコシステムの市場を新規に開拓する場合には、補完者もまた新規に開拓する可能性を検討することができるだろう。

第6章 実証分析

――エコシステムの動作メカニズムを検証する――

本章では、実証分析アプローチによるビジネスエコシステム研究の一例を紹介する。実証分析アプローチでは、典型的にはある仮説を立て、それをデータ分析により実証するといった手順で実施される。エコシステムに関する先行研究を深くレビューし、先行研究では語られていない領域に着目して、理論を発展させる可能性がある仮説を構築した後、実データを用いてそれを検証する。このアプローチは現在の国際的な経営学研究ではおそらく最もポピュラーな手段であるため、これを習熟することは論文執筆を行ううえで、特に重要であると言える。本章の内容は、プラットフォームエコシステムにおけるガバナンスとポジショニングに着目し、それらが補完者によるイノベーションにどのように影響を及ぼすかを、テレビゲーム市場のデータを用いて検証したものである。

6–1……研究の背景と目的

本研究は、プラットフォームエコシステムにおける補完財の二種類のイノベーション（インクリメンタルイノベーションとラディカルイノベーション）に焦点を当てる。エコシステムの存続にはインクリメンタルイノベーションが重要であり、拡大にはラディカルイノベーションが重要な役割を果たす。この観点は、両利きの概念と関連付けることができる（Jansen, Van den Bosch, & Volberda, 2005; Andriopoulos & Lewis, 2009）。先行研究は、イノベーションの両利きに関して、深化（現在の能力を深化させ、改善する）と探索（知識の新たな組み合わせを生み出すための探索、変化、実験の取り組みを行う）との間のバランスの重要性を主張している（Andriopoulos & Lewis, 2009）。本研究は、プラットフォームエコシステムレベルでの集合的な両利きのマネジメントに焦点を当てている。

エコシステムにおける補完者の行動は自律的で、プラットフォーム所有者は子会社を管理するかのように補完者を直接管理することはできない（Jacobides et al., 2018）。しかし、間接的に補完者の行動や結果に影響を及ぼす手段は存在する。本研究はその中でも、エコシステムガバナンスとプラットフォームポジショニングの２つに焦点を当てる。エコシステムガバナンスに関する先行研究は主に、プラットフォームの開放性の管理を扱っている（Wareham, Fox, & Giner, 2014)。また、プラットフォームポジショニングに関する先行研究は、競合するエコシステムと比較したエコシステムの独自性を言及している（Cennamo & Santaló, 2013)。先行研究は、これらの開放性と独自性の両方がプラットフォーム上のイノベーションの成功と内容に影響を与える可能性があり、またプラットフォーム所有者によって調整できる可能性があることを示している（Cennamo & Santaló, 2013)。

エコシステムにおける集合的な両利きを実現するには、プラットフォーム所有者は、補完者によるインクリメンタル・ラディカルイノベーションに関する補完財のバランスと、補完者によるイノベーションの成功との両方を目指す必要がある。このような観点から、次のようなリサーチクエスチョンを設定する。

RQ：エコシステムの開放性と独自性の度合いは、(a) 補完者の財の開発行動と (b) イノベーションの成功にどのような影響を及ぼすか？

本研究はこのリサーチクエスチョンを探求し、プラットフォームエコシステムにおける集合的な両利きを達成するための知見を得ることを目的とした。

6-2……仮説構築

◆開放性

ここでの開放性とは、プラットフォーム所有者が設定する任意の基準に基づいて、補完者がプラットフォームに参加できる範囲を指す（Bogers et al., 2017; Jacobides et al., 2018; O'Mahony & Karp, 2022)。高い開放性は通常、補完者からの財の提供を増やし、財の多様性の増加に影響する（Boudreau, 2010)。プラットフォームの開放性が高まると、補完者のエコシステムへの参加動機が高まり競争が増加するが、この場合の競争の激しさは補完者の継続的参加にはネガティブな影響を与えないことが示唆されている（Choi et al., 2019)。それゆえ、プラットフォームの開放性の向上は、エコシステムに新しい価値を生み出すのに役立ち、補完者が商品開発の新しい方法を模索する動機になる可能性があると推測できる。したがって、次の仮説を提起する。

仮説1a：他のすべてが等しい場合、エコシステムの開放性が高まるにつれて、補完者はインクリメンタル指向の財よりもラディカル指向の財を提供する傾向がある。

先行研究では、開放性が製品価値に与える影響については、より複雑な議論がなされている。過度の開放性は、低品質の財の増加によるエコシステムの利益の損失に繋がる可能性があることが指摘されている（McIntyre & Srinivasan, 2017; Wareham, Fox, & Giner, 2014）。これは、プラットフォーム所有者の品質管理が補完者の増加に追いついていない場合に発生する。これを避けるために、成功したプラットフォームは補完者の品質を積極的に制御する必要があると主張されている（Scholten & Scholten, 2012）。対照的に、プラットフォーム所有者による厳格な補完財の管理は、補完者の商品開発を妨げる可能性があり（Song et al., 2018）、商品の品質向上への投資の削減を余儀なくさせる恐れがあることも指摘されている。そのためプラットフォーム所有者は、イノベーションの機会を増やすために開放性を促進すべきであると同時に、価値を維持するための品質管理の確保との間でバランスを取る必要があることが推測できる（Tiwana et al., 2010; Hukal et al., 2020）。したがって、次の仮説を提起する。

仮説1b：他のすべてが等しい場合、エコシステムの開放性は逆U字型の軌道として補完財のイノベーションの成功に影響を与える。

◆独自性

独自性の高いポジショニングを取るプラットフォームは、競合他社の間接ネットワーク効果の影響を軽減し、より大きな市場シェアを獲得する可能性があるとされる（Cennamo & Santaló, 2013）。補完者はエコシステム内で自律的に行動するが（Jacobides et al., 2018）、プラットフォーム所有者はプラットフォームのアイデンティティを定義して補完者に周知することで、補完財のコンテンツを特定の方向に誘導することができる（Inoue & Tsujimoto, 2018a, 2018b）。その文脈で、エコシステム内でさまざまな製品カテゴリを利用できるようにしておくと、結果的に補完者のイノベーション活動への刺激が高まるとされる（Boudreau, 2012）。また補完者は、より強力で競争力の高い補完者に直面した場合、新しい分野に移行し、そこでのイノベーションを模索する可能性がある（Wen & Zhu, 2019）。そのためより独自性が高いポジショニングを持つプラットフォームは、このような場合において補完者が新たな価値を探求することを助ける可能性もある。したがって、次の仮説を提起する。

仮説2a：他のすべてが等しい場合、エコシステムの独自性の程度が増加するにつれて、補完者はインクリメンタル指向の商品よりもラディカル指向の財を提供する傾向がある。

一方で、独自性が高いプラットフォームは、補完者に困難をもたらす可能性もある。高い独自性はプラットフォームの市場シェアの拡大に貢献する可能性があるが（Cennamo & Santaló, 2013）、利用可能な製品カテゴリがより多様になるにつれて、補完財品質のばらつきが増加する（Cennamo & Santaló, 2019）。このような状況は、補完者間における販売を過度に偏らせる可能性がある（Inoue & Tsujimoto, 2018a; 2018b）。また、補完者はプラットフォーム技術に適応するために交換不可能な投資を行う必要がある（Jacobides et al., 2018）。そのため、独自性が高いプラットフォームでは、補完者により多くの新しいプロセスの導入への投資を強いて、その結果、品質への投資が減少する可能性がある。その意味で、高い独自性が、補完財のイノベーションの成功を妨げるかもしれない。反対に、エコシステムの独自性が低すぎる場合には、補完者はレッドオーシャン市場で競争しなければならず、差別化における困難に直面することになる（Wen & Zhu, 2019）。そのためバランスのとれたレベルの独自性は、補完者がイノベーション活動に注力することに繋がる可能性がある（Zhu & Liu, 2018; Cenamor & Frishammar, 2021）。したがって、次の仮説を提起する。

仮説2b：他のすべてが等しい場合、エコシステムの独自性の程度は、逆U字型の軌道において補完財のイノベーションの成功に影響を与える。

◆開放性と独自性の相乗効果

最後に、エコシステムの開放性と独自性の間の交互作用を考える。本研究はこれまでの議論において、開放性と独自性の両方が補完財の内容に影響を与え、いずれかが高い場合に補完財の内容はインクリメンタルからラディカルへの移行に影響するという仮説を立てている。先行研究の経験的証拠は、これら両方の増加は、より大きなバンドワゴン効果の発生を通じて、そのようなコンテンツの移行を加速する可能性があることを示している（Inoue & Tsujimoto, 2018b）。一方で、このような状況の発生は補完者間における販売量の偏りを過剰にし、補完者の平均利益を減少させる可能性があることも示されている（Inoue & Tsujimoto, 2018b）。また、高い開放性と独自性によって切り開かれた新市場の消費者は、既存の市場の消費者ほど購買パフォーマンスが高くない場合があり、それにより需要と供給の不均衡が生じる場合もある（Inoue & Tsujimoto, 2018a）。これらの事象は、消費者からの補完財の評価に対する高い開放性・独自性による負の側面（Wareham, Fox, & Giner, 2014; McIntyre & Srinivasan, 2017; Ruutu et al., 2017）が強化される可能性がある。このように開放性と独自性との間の相互作用効果の可能性を考察し、以下の仮説を提案する。

仮説3a：他のすべてが等しい場合、エコシステムの開放性と独自性の両方の程度が増加するにつれて、補完者はインクリメンタル指向の商品よりもラディカル指向の商品を提供する傾向がより強まる。

仮説3b：他のすべてが等しい場合、エコシステムの開放性と独自性の両方の程度が増加するにつれて、補完者のイノベーションの成功の程度は減少する。

6-3……手法

本研究では、データを用いた統計的分析によって、前述の仮説を検証する。以下に手法の詳細を示す。

◆データセット

本研究は、前章の研究と同じく、日本のテレビゲーム市場のデータを用いる。ただし、こちらでは前章で分析に用いたハードウェア以外のデータも含める。具体的には、1996年４月から2012年３月までの間に発売された、12のハードウェアに提供された9,780本のゲームソフトウェアを、分析対象としている。基本的なデータ取得方法は同様のため、省略する。なお、分析単位はソフトウェア１本である。ソフトウェアのIDを表す変数として i を設定し、以降使用する。

◆従属変数

仮説に対応して、ソフトウェア開発に対する補完者の行動指向とイノベーションとしての補完財の成功の両方についての２つの従属変数を設定する。

補完者の行動指向

ライセンスされた知的財産（IP）に基づくか、特定のシリーズの一部として開発されたソフトウェアは、そうでないソフトウェアよりも、インクリメンタル指向になることが指摘されている（Tschang, 2007）。したがって本研究では、既存のIP/シリーズを使用したソフトウェアをインクリメンタル指向のものと定義し、そうでないものをラディカル指向のものと単純に定義した。

これらのデータはf-ism.netのデータセットに含まれていなかったため、以下のように作成した。第一に、全ゲームタイトルの単語を結合し、結合した単語をIP/シリーズの候補として設定した。第二に、その中で一度しか出現していたないIP/シリーズ候補を削除した。第三に、それぞれの候補が本当にIP/シリーズに該当するかを目検で確認した。その結果、3,710個のIP/シリーズ名が定義された。

ここでの従属変数は $v_i^{O,Direction}$ と呼称する。仮説の記述に対応して、ソフトウェア i が既存のIP/シリーズを使用しない場合の値は1（ラディカル指向）に設定され、使用する場合は0（インクリメンタル志向）に設定される。なおデータセットでは、ソフトウェアの約60%がいずれかのIP/シリーズを使用していた。また、この従属変数が1になるか0になる確率は、個々の補完者の戦略に大きく影響される可能性がある。そのため本研究では、この影響を調整するための制御変数を含めている（後述）。

イノベーションとしての補完財の成功

イノベーションの成功の程度の1つは、経済的成功によって測ることができる（Chen et al., 2018; Edwards-Schachter, 2018; Dziallas & Blind, 2019）。本研究はイノベーション測定のこの側面に焦点を当て、補完財がイノベーションとして成功した度合いを、商品発売後の1年間の販売数によって単純に計算した。ここで、販売数のデータは対数正規分布のような分布を示すため、販売量の自然対数を、ここでの従属変数 $v_i^{O,Sales}$ として設定した。ただし、この変数は補完者それぞれの商品開発能力に大きく影響される。そのため本研究では、この影響を調整するための制御変数が含まれている（後述）。

◆説明変数

本研究の仮説は、開放性と独自性が補完者のソフトウェア開発・提供にどのような影響を与えるかに注目している。したがって、従属変数と説明変数（および制御変数）の間に時間ずれを考慮する必要がある（従属変数は説明変数よりも時間的に未来になる）。ここでは、ソフトウェアの発売時点（年月単位）s を基準として時間範囲 t を設定した。時間範囲 t は、時点 s の18ヶ月前から6ヶ月前までの12ヶ月の期間に設定した。範囲を12ヶ月に設定したのは、変数から季節性を除去するためである。

開放性の程度

本研究では開放性について、プラットフォーム所有者が定義した固有の値ではなく、時間の経過とともに変化する客観的に見た開放性の度合いを考慮している。テレビゲーム市場の場合、ハードウェアの発売から時間が経過するにつれて、補完者はプラットフォーム技術に適応し、補完的な商品をより簡単に提供できるようになる。また、プラットフォーム所有者が途中で開放性の程度を変更する場合もある（例えば開発環境を改善して、プラットフォーム参加のハードルを下げる）。したがって、各プラットフォームの開放性の程度は、時間や状況とともに変化すると考えることは妥当である。

本研究では開放性の程度の指標を、補完者に総合的に認識された開放性の程度を取得する観点から、結果として現れるソフトウェア提供数の規模として捉えることとした。今回は、期間 t のソフトウェア i に関連するプラットフォーム f 上のソフトウェア提供数を、開放性の程度の指標として利用することとした。ただし従属変数 $v_i^{O,Sales}$ に対応して、この開放性の程度の指標 $v_i^{E,Openess}$ は、ソフトウェア提供数の自然対数として計算した。

独自性の程度

独自性の程度も開放性の場合と同様に、時間の経過とともに変化する可能性がある。本研究では、Cennamo & Santaló（2013）が使用した計算方法を参照し、独自性の程度の指標を次のように計算した。

$$Distinctiveness_i = \sum_x^G abs(g_{f,x,t} - g_{x,t}),$$

ここで、x はジャンルを表し、G はジャンルの集合、$g_{f,x,t}$ は期間 t にプラットフォーム f 上でジャンル x を使用するソフトウェアの割合、$g_{x,t}$ は期間 t にすべてのプラットフォームでジャンル x を使用するソフトウェアの割合である。前述同様に従属変数に対応し、独自性の程度を表す説明変数 $v_i^{E,Distinct}$ は $Distinctiveness_i$ の自然対数として計算した。

◆制御変数

制御変数は、個々のソフトウェアおよび補完者の能力等からの従属変数への影響を調整するために追加された。

ソフトウェア開発・提供における補完者の指向

ソフトウェア i を提供する補完者によって提供されたソフトウェアについて、ソフトウェア i の発売日より5年以内に発売されたソフトウェア群について、上記 $v^{O,Direction}$ の平均値を計算することで、この制御変数 $v_i^{C,CompDrect}$ を設定した。本変数は、従属変数が $v_i^{O,Direction}$ の場合に使用される。

補完者のソフトウェア開発能力

前述の制御変数同様に、ソフトウェア i の補完者によって過去5年以内に発売されたソフトウェア群について、$v^{O,Sales}$ の平均値を計算することで、この制御変数 $v_i^{C,CompSales}$ を設定した。本変数は、従属変数が $v_i^{O,Sales}$ の場合に使用される。

補完財のタイプ

テレビゲーム市場では通常、ブランドロイヤルティの恩恵により、（今回設定した）インクリメンタル指向のソフトウェアの方が、ラディカル指向ソフトウェアよりも大きな売上を期待できる（Inoue, 2020）。そこで、そのソフトウェア提供がインクリメンタル指向かラディカル指向かの制御変数 $v_i^{C,Direction}$ を設定した。本変数は $v_i^{O,Direction}$ と同じ値が割り当てられ、従属変数が $v_z^{O,Sales}$ である場合に使用される。

補完財の特徴

テレビゲームソフトウェアにはいくつかの特徴があり、それらは今回の従属変数に影響を及ぼす可能性がある。

第一に、ソフトウェアの価格を考慮する。テレビゲーム市場では、一般の市場とは異なり、価格の高いソフトが高い売上を得る傾向にある（Inoue & Tsujimoto, 2018a)。いずれにしても、その影響は制御される必要がある。この制御変数として、ソフトウェア価格の自然対数値 $v_i^{C,Pri}$ を設定した。本変数は、従属変数が $v_i^{O,Sales}$ の場合に使用される。

第二に、クロスプラットフォーム実装の影響を考慮した。ここでの「クロスプラットフォーム」とは、(ほぼ) 同じソフトウェアを複数のプラットフォームに提供することを意味し (Corts & Lederman, 2009)、マルチホーミングと同義である。制御変数として、そのソフトウェアがクロスプラットフォーム製品かを確認し、ダミー変数 $v_i^{C,Cro}$ を設定した。 この変数は、$v_i^{O,Sales}$ が従属変数である場合に使用される。

第三に、ソフトウェアのジャンルの影響を考慮した。ソフトウェア開発とソフトウェア販売の両方において、ジャンルのタイプは影響を及ぼす可能性がある (Inoue & Tsujimoto, 2018a)。この影響は、ジャンルのダミー変数 $v_i^{C,Cat,x}$ $(x \in G)$ を設定することによって制御した。ここで、G はジャンルの集合である。また、回帰分析における基準として「その他」のジャンルのダミー変数を除外した。また、「アクション RPG」など、ソフトウェアによっては2つのジャンルを持つ場合があり、それらのサンプルはダミー $v_i^{C,DupCat}$ で影響が制御される。

季節性

テレビゲーム市場には季節性があり、年末商戦がその代表である。特に日本市場では、クリスマスと新年の影響で、特に12月に発売されたソフトウェアがより強い影響を受ける (Inoue & Tsujimoto, 2018a)。したがって、ソフトウェアが12月に発売されたかどうかのダミー変数 $v_i^{C,Mon12}$ を設定した。

プラットフォームの種類

一般に、携帯型ハードウェア向けのゲームソフトウェアの開発は、据え置き型プラットフォーム向けのそれよりも容易である。この特性は補完者のソフトウェア開発にも影響を与える可能性があるため、携帯型ハードウェアかどうかのダミー変数 v_i^{PlaTyp} を設定した。

プラットフォームの世代

市場の状況や必要なソフトウェア開発能力はハードウェアの世代によって異なる可能性があり、補完者のソフトウェア開発に影響を与える可能性がある。本研究のデータセットには、(本研究のデータの範囲の定義において) 第三世代から第五世代までのハードウェアが含まれていた。そのため、世代ダミー $d_i^{C,Gen3}$、$d_i^{C,Gen4}$、$d_i^{C,Gen5}$ を設定し、そのうち $d_i^{C,Gen3}$ を基準として削除した。

◆分析の詳細

従属変数に対応して、以下のように2つの分析モデルを作成した。なお、ダミー変数を除いた変数は自然対数をとった後、Z スコア変換 (平均0、分散1) により標準化した。また、仮説に対応して、説明変数には二乗項と交互作用項が含まれる。モデル A と B の完全な記述は次のように表される。

・モデル A：補完者が提供するソフトウェアの指向タイプのモデル

$$
\begin{aligned}
\ln\{v_i^{O,Direction}/(1-v_i^{O,Direction})\}
&=\beta_1 v_i^{E,Openess}+\beta_2 v_i^{E,Distinct}+\beta_3 (v_i^{E,Openess})^2+\beta_4 (v_i^{E,Distinct})^2\\
&+\beta_5 v_i^{E,Openess} v_i^{E,Distinct}+\beta_6 v_i^{C,CompDrect}+\sum{}_{x\in G}\beta_x^a v_i^{C,Cat,x}+\beta_7 v_i^{C,DupCat}\\
&+\beta_7 v_i^{C,Mon12}+\beta_8 d_i^{PlaTyp}+\sum{}_{y\in E}\beta_y^b v_i^{PlaGen,y}+\zeta_i+C.
\end{aligned}
$$

・モデル B：ソフトウェア販売の成功程度のモデル

$$
\begin{aligned}
v_i^{O,Sales}=&\beta_1(1+\beta_1^D v_i^{C,Direction})v_i^{E,Openess}+\beta_2(1+\beta_2^D v_i^{C,Direction})v_i^{E,Distinct}\\
&+\beta_3(1+\beta_3^D v_i^{C,Direction})(v_i^{E,Openess})^2+\beta_4(1+\beta_4^D v_i^{C,Direction})(v_i^{E,Distinct})^2\\
&+\beta_5(1+\beta_5^D v_i^{C,Direction})v_i^{E,Openess} v_i^{E,Distinct}+\beta_6 v_i^{C,CompSales}+\beta_7 v_i^{C,Direction}\\
&+\beta_8 v_i^{C,Pri}+\beta_9 v_i^{C,Cro}+\sum{}_{x\in G}\beta_x^a v_i^{C,Cat,x}+\beta_{10} v_i^{C,DupCat}+\beta_{11} v_i^{C,Mon12}\\
&+\beta_{12} d_i^{PlaTyp}+\sum_{y\in E}\beta_y^b v_i^{PlaGen,y}+\zeta_i+C.
\end{aligned}
$$

ここで、bは各変数の偏回帰係数、ξ_iは誤差項、Cは定数項である。モデルAはロジスティック回帰分析により計算され、モデルBは最小二乗法の重回帰分析により計算された。なお、説明変数はプラットフォームからの影響を前提としており、またプラットフォームや補完者固有の影響は制御変数により制御しているため、固定効果モデルは使用していない。また、ソフトウェア販売量はソフトウェアがインクリメンタル指向かラディカル指向かで影響を受ける可能性がある。そのため、(含めると記述が雑多になるため)ここでは省略しているが、モデルBではラディカルソフトウェアダミーと説明変数との間の交互作用項を、分析では含めている。多重共線性の問題に関しては、すべての分散拡大係数(VIF)値が10未満であることを確認した(平均VIF = 2.54)。モデルBでは不均一分散の問題が確認されたため、この問題を解決するためにNewey-West推定標準誤差が結果に適用された。

6-4……結果

表6-1はモデルAの回帰分析の結果を示している。なお、表6-1の結果には簡略化のために制御変数に関する統計結果は含まれてない(完全な結果の表は初出文献を参照)。モデルA-1は、制御変数のみを含むベースモデルである。モデルA-2に開放性と独自性の説明変数が追加され、モデルA-3にはそれらの二乗項が追加される。モデルA-4は、さらに開放性と独自性の交互作用項を含むモデルである。モデルA-4の結果では、すべての説明変数が有意に正であった(それぞれp < 0.05, 0.01, 0.01, 0.01, 0.01)。したがって、H2-aとH3-aがサポートされ、H1-aは部分的に支持された。ただし、モデルA-2の結果に示されているように、二乗項が含まれない場合には、開放性の変数は有意ではなかった。したがって、従属変数に対する開放性の影響は、線形の形状よりもU型の影響として説明することが適切であることが確認された。

ここで、表6-1に示すように、説明変数の追加は決定係数の増加に大きな影響を及ぼすものではない。これは、説明変数は補完者全体への間接的な影響に

表6-1　モデルAの回帰結果：補完者が提供するソフトウェアの種類

	モデルA-1 (制御変数のみ)	モデルA-2	モデルA-3	モデルA-4
開放性		0.03 (0.03)	0.10** (0.04)	0.09* (0.04)
開放性二乗項			0.06* (0.02)	0.08** (0.02)
独自性		0.12** (0.03)	0.12** (0.03)	0.12** (0.03)
独自性二乗項			0.03 (0.03)	0.08** (0.03)
開放性×独自性				0.12** (0.04)
定数項	-0.42** (0.08)	-0.41** (0.08)	-0.55** (0.09)	-0.53** (0.09)
AIC	11,551.42	11,541.31	11,535.25	11,526.84
カイ二乗値	1,674.00**	1,688.11**	1,698.17**	1,708.58**
疑似決定係数	0.212	0.214	0.215	0.216
Δ決定係数		0.002	0.003	0.004

注：括弧は標準誤差を意味する。* $p<0.05$, ** $p<0.01$。

関係するのに対し、制御変数は補完者やソフトウェアの内容や特性と直接的に関係するものであるためである。この前提に基づいたうえで、本研究は、ソフトウェア開発の補完者の行動指向に対する開放性と独自性の影響を示したと言える。

また、**図6-1**に補完者のソフトウェア提供に対する開放性と独自性の影響を視覚的に確認する図を示す。**図6-1**は、モデルA-4の回帰結果に基づいて、補完者の平均的な行動に対する説明変数の影響を示している。x軸とy軸はそれぞれ、生データのスケールとしての開放性と独自性を表す。この図において、色の濃さはロジスティックモデルにより計算されたラディカル指向のソフトウェアが提供される確率を示している。値が1に近づくほど、ラディカル指向のソフトウェアが提供されるようになる。逆に、値がゼロに近づくにつれて、インクリメンタル指向のソフトウェアが提供されるようになる。値が0.5の場

図6-1　補完者のラディカル指向行動に対する開放性と独自性の影響

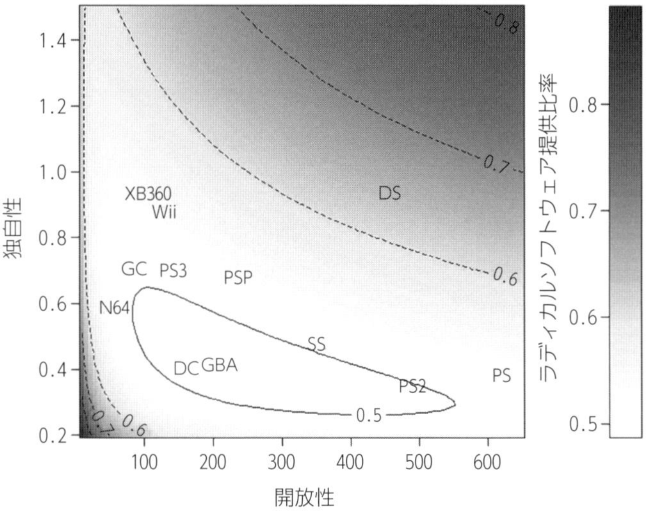

注：この画像は説明変数から従属変数への影響のみを示しており、制御変数や定数項の値は反映されていない点には注意が必要である。

合、説明変数は補完者の行動に影響を与えないことを意味する。この図には、分析で使用されたプラットフォームの座標も含まれている。これには、各プラットフォームでの補完者活動が最も活発であった、つまりソフトウェア提供数が最大であった12ヶ月の期間における、x 軸と y 軸の座標にプロットしている。

この図6-1に示すように、本研究のデータセットの範囲における開放性と独自性の範囲では、補完者の平均的な行動は大きい場合には10％以上の影響を受けることが観察できる。Xbox 360（XB360）、Wii、PlayStation（PS）、PlayStation Portable（PSP）、Nintendo DS などのプラットフォームでは、市場が最も活発であった時期に、ラディカル指向のソフトが提供される確率が数％増加した。特に DS の場合には、その傾向は10％を超えていたことが分かる。このようにこの図6-1は、開放性と独自性が補完者が提供する補完財のイノベーションタイプに影響を与える可能性があることを示している。

表6-2は、販売結果として計測されるイノベーションの成功に関する、モデル B の回帰分析の結果を示している。表6-1と同様に、制御変数は表から除外

表6-2　モデルBの回帰結果：販売指標に関するイノベーションの成功

	モデルB-1 (制御変数のみ。ラディカルソフトウェアダミーを除く)	モデルB-2	モデルB-3	モデルB-4	モデルB-5
説明変数					
開放性		0.08** (0.01)	0.11** (0.01)	0.12** (0.01)	0.16** (0.02)
開放性二乗項			0.03** (0.01)	0.01 (0.01)	0.03* (0.01)
独自性		0.02† (0.01)	0.00 (0.01)	0.00 (0.01)	0.02 (0.01)
独自性二乗項			-0.06** (0.01)	-0.08** (0.01)	-0.08** (0.01)
開放性×独自性				-0.07** (0.01)	-0.06** (0.02)
説明変数×ラディカルソフトウェアダミー					
開放性					-0.09** (0.02)
開放性二乗項					-0.01 (0.01)
独自性					-0.01 (0.02)
独自性二乗項					0.00 (0.02)
開放性×独自性					0.02 (0.02)
制御変数					
ラディカルソフトウェアダミー					-0.31** (0.03)
定数項	-0.17** (0.04)	-0.24** (0.04)	-0.27** (0.04)	-0.28** (0.04)	-0.13** (0.04)
調整済み決定係数	0.409	0.413	0.416	0.418	0.443
Δ決定係数		0.004	0.007	0.009	0.035

注：括弧は標準誤差を意味する。* $p<0.05$, ** $p<0.01$。

している（ただし、ラディカルソフトウェアダミーを除く）。モデル B-1は、制御変数のみを含むベースモデルである。モデル B-2には開放性と独自性が追加され、モデル B-3にはそれらの二乗項が追加、モデル B-4には開放性と独自性の交互作用項が追加される。モデル B-5はラディカルソフトウェアダミーと説明変数との交互作用項を含めたものである。フルモデルであるモデル B-5に関する結果として、開放性の二乗項は有意な正の効果を示した（$p<0.05$）。一方、独自性の二乗項および開放性と独自性の交互作用項は有意な負の効果を示した（いずれも $p<0.01$）。したがって、H1-b は支持されなかったが、H2-b と H3-b は支持された。

図6-1と同様に、図6-2に本分析における説明変数が従属変数に及ぼす影響を可視化したものを示す。モデル A-5にはラディカルソフトウェアダミーに関する交互作用項が含まれているため、図6-2にはインクリメンタル指向ソフトウェアとラディカル指向ソフトウェアの２とおりの場合が示されている。ここでの色の濃さと図内の数字は販売量強度（販売量の倍率）を表しており、値１は効果なし、標準を意味する。また、例えば1.2の値は、プラットフォーム上で提供されるソフトウェアが標準状態と比較して平均的に1.2倍の販売量を獲得する傾向があることを示す。同様に0.8は、平均販売量が基準値の0.8倍に減少したことを示す。

図6-2に示されているパターンは、図6-1のパターンとは大きく異なることが分かる。図6-2では回帰結果に対応して、より高い開放性と程度な独自性の組み合わせが、販売量の増加に寄与することが示されている。また、図6-2(a)と（b）に示されているパターンは類似している。ただし、モデル B-5の回帰結果にも示されているように、ラディカル指向ソフトウェアの場合は、開放性によるプラスの効果が弱まっている。そのため、Nintendo DS や PlayStation、PlayStation 2などの一部のプラットフォームでは、インクリメンタル指向とラディカル指向の図の間で、比較的大きな販売量強度の差が示されている。このように、図6-2は、開放性と独自性が販売指標の観点から補完者のイノベーションの成功に無視できない影響を与える可能性があることを示している。

図 6 - 2　補完者の販売量倍率に対する開放性と独自性の影響

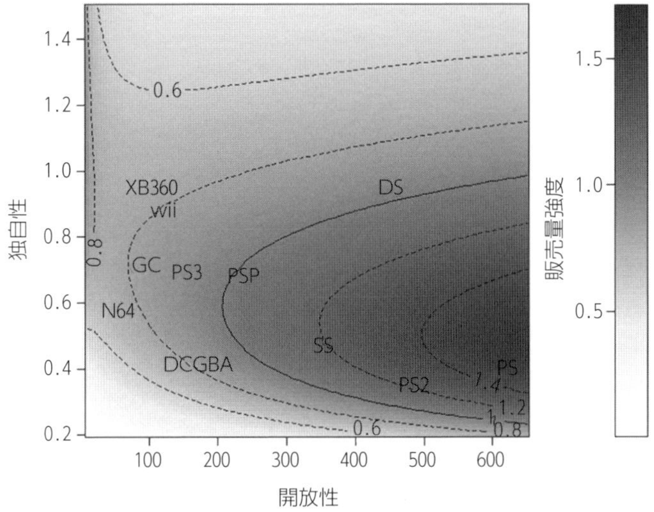

(a) インクリメンタル指向のソフトウェア

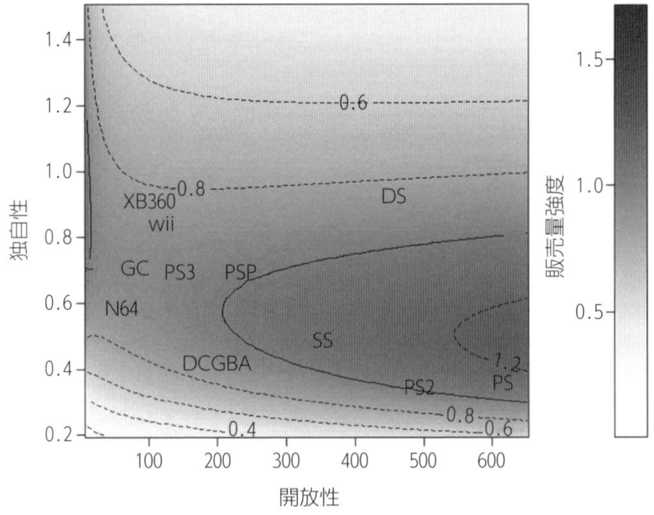

(b) ラディカル指向のソフトウェア

6-5……考察

◆結果の解釈

本研究では、エコシステムの開放性と独自性が、補完者のソフトウェア提供行動や販売指標にどのような影響を与えるかを分析した。先行研究に基づいた仮説に関する検証の結果、H2-a、H2-b、H3-a、H3-b が支持された。H1-a は部分的に支持され、H1-b は支持されなかった。ここでは仮説が部分的支持あるいは不支持となった後者2つの結果について、詳細に考察する。

H1-a について、線形項のみを使用したモデルでは開放性は有意にならなかったが、二乗項を使用すると開放性が有意になった。開放性の二乗項の係数は正であるため、開放性が低い場合でも高い場合でも、補完者のラディカル指向的な行動が促進される。言い換えれば、中程度の開放性は、インクリメンタル指向のソフトウェアの提供を促進させる。このような傾向は、図6-1にも示されている。H1-a は、先行研究（例：Boudreau, 2010; Song et al., 2018; Choi et al., 2019）の解釈によって設定された。これは、開放性が高まると補完者の商品提供や試行錯誤のプロセスが促進され、エコシステム内で新たな価値が生み出される活動が活発になるといった趣旨である。本研究の結果は、全体としてはこれを支持しているものの、中程度のときは、むしろインクリメンタル志向のソフトウェア提供が促進されることを示した。この結果の解釈として、開放性が低い場合と高い場合では、補完者のラディカル指向行動のメカニズムが異なる可能性を考える。具体的には、開放性のレベルが低い場合、補完者は主要なIP/シリーズを使用した主力製品の提供を回避する可能性がある。その結果、市場は平均して非インクリメンタル志向となる。一方で高いレベルの開放性の環境では、補完者は新しい価値観の方向に自らを適応させようとし、平均してよりラディカル志向に傾いていく可能性が考えられる。

H1-b においては、結果は仮説に真っ向から反するものとなり、開放性の二乗項が販売指標に正の影響を示した。この仮説は、補完財の品質管理と補完者のイノベーションの促進とを両立させるには、中レベルの開放性が適切であるという先行研究からの示唆に基づいていた（例：Tiwana et al., 2010; Scholten & Scholten, 2012; Wareham, Fox, & Giner, 2014）。この結果の解釈のために、図6-2を参照する。図6-2では、開放性と独自性の影響を受ける販売量拡大パターンが山型の形状となることを示している。またこれは、中程度の独自性において成り立つことが示されている。つまり、先行研究で示されていた高レベルの開放性のマイナス面（例：Wareham, Fox, & Giner, 2014; Gawer, 2021）は、開放性単独による影響ではなく、実は高い独自性との相互作用によって引き起こされていた可能性がある。そう考えると、本研究の結果は先行研究からの示唆とは矛盾しないとともに、中程度の独自性が大規模な開放性のマイナス面を軽減して、プラス面を強調できるという発見を提示するものと言える。

◆理論的インプリケーション

プラットフォームエコシステムは、潜在的に無制限の外的資源を備えた補完者たちの参加によって、無制限のイノベーションの提供可能性がある形態である（Gawer, 2014）。本研究は、補完者の行動とその成功に関して、インクリメンタルとラディカルという2つのイノベーションパターンについて実証的に分析した最初の研究である。補完者は自律的であり、プラットフォーム所有者によって直接制御されないため（Jacobides et al., 2018）、補完者の行動と結果をマネジメントするには、間接的な影響メカニズムが必要である。本研究は、プラットフォーム所有者のエコシステムガバナンスとプラットフォームのポジショニングに関連する要素に焦点を当て、これらが補完者にどのように影響するかを調査した。このように本研究は、プラットフォームエコシステム領域におけるイノベーション研究の新しいパラダイムの開拓に貢献するものである。

さらに本研究は、プラットフォーム市場における開放性と独自性の関係の理解にも貢献した。先行研究では、開放性の拡大が品質管理の困難さを増加させることで、エコシステムに悪影響を与えることを示唆してきた（例：Tiwana et al., 2010; Scholten & Scholten, 2012; Wareham, Fox, & Giner, 2014）。しかし本研究の結果は、高い開放性がそれ単体でパフォーマンスに悪影響を及ぼすのではなく、

図6-3　図6-1の画像に対する最大販売量強度の軌跡の描画

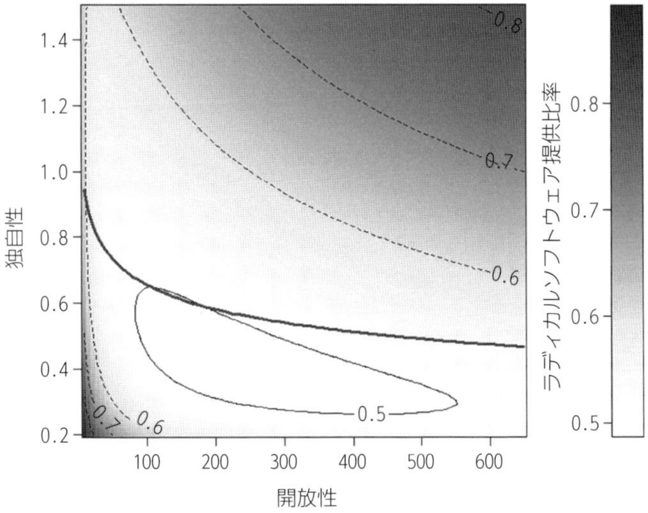

高い独自性との交互作用によって引き起こされることを示唆している。またこれは、先行研究において開放性の管理に起因すると考えられていた失敗が、実際には独自性の管理の失敗によって引き起こされた可能性があることを示している。したがって本研究は、プラットフォームエコシステムの存続と進化に対する開放性と独自性の影響について異なる結論を提供するとともに、この研究領域の発展に貢献している。

◆実践的インプリケーション

本研究は、エコシステムにおける集合的な両利きに関する洞察から、プラットフォーム所有者に示唆を提供する。図6-3は、図6-2に基づく開放性の各値における売上倍率最大点における独自性値の軌跡を図6-1の画像に重ねて示したものである（インクリメンタル指向ソフトウェアとラディカル指向ソフトウェアの軌跡は微妙に異なるため、ソフトウェアの割合に基づいた中間地点を描画）。この軌跡は、ある開放性においてもっと販売量強度が高い、つまり自然に補完者群が収束していくべき軌跡を意味するものである。図6-3に示すように、開放性が低レベルから中レベルに達するにつれて、販売量強度が最大となる軌跡は、開より高いレベルのインクリメンタル指向のソフトウェア提供領域に達する。しかしながら、さらに開放性のレベルが高くなると、今度はラディカル志向が高くなる領域へと移行していく。表6-2のラディカルソフトウェアダミーにおける負の係数が示すように、基本的にはラディカル指向ソフトウェアよりもインクリメンタル志向のソフトウェアの方が販売量を得られる傾向にあり、補完者にとってはより容易な選択肢となる。この意味で、販売量が確保された状態のラディカル指向ソフトウェアの提供量増加は、エコシステムの集合的両利きを達成するうえで望ましいことだと考えられる。つまり図6-3に示す結果は、適切なレベルの独自性を設定したうえでは、エコシステムの開放性を拡大して多様な補完者の参加を許すしていくことで、最終的にエコシステムレベルの両利きの成功へと近づいていくことができる可能性を示している。

第7章　シミュレーション

——エコシステムにおける仮想的状況を検証する——

本章では、シミュレーションによるビジネスエコシステム研究の一例を紹介する。シミュレーションアプローチでは、他の研究アプローチでは不可能な、簡単に言えばデータを取得して分析できない「if then」の事象を検証することが可能となる。例えば、新しいエコシステムの形態の有効性の検証や、価格設定や市場構造の条件を変更した際のエコシステムの動態の変化を検証するといったことが可能である。本研究アプローチは、経営学分野ではあまり一般的ではなく、エコシステムに関するシミュレーション論文はそれほど出版されていない。一方で実務への応用には比較的向いていると考えており、企業との共同研究においてはより価値があるアプローチではないかと考えている。本章の内容は、日本におけるECプラットフォーム市場を、エージェントシミュレーションによってシミュレートするものである。物流企業のキャパシティをECの取り扱い量が超過することで生じる「配送クライシス」の状況を想定して、これによるエコシステムの崩壊を避けて市場を拡大されるための方法を、シミュレーションにより探求したものである。

7-1……研究の背景と目的

本研究は、エコシステムに参加する物流企業を起点にエコシステムの崩壊が始まる現象である、「宅配クライシス」に焦点を当てる。まず、宅配クライシスの実例を説明する。

日本の主要物流企業であるヤマト運輸、佐川急便、日本郵便は、2010年代前半において、プラットフォーム市場を含めた宅配市場とEC配送事業の大半を占めていた(1)。このような物流企業にとって、Amazonは多大な配送業務を提供してくれる重要な顧客であり、そのためAmazonはより強い価格決定権を持っていた。しかしながら、Amazonのプラットフォーム市場の急速かつ多大な拡大は、物流企業の提供可能なキャパシティに迫り、それを超過する場合が出てきた。特に三大物流企業の1つである佐川急便のラストマイル配送における処理能力を超えることとなった。それにより佐川急便は、他社の物流企業に業務を下請けさせることを余儀なくされ、また物流会社に対するAmazonの高品質なサービスと低い配送料金の要求は、Amazonのエコシステムにおける佐川急便の事業の持続性を損なうことになった[2]。最終的に、佐川急便は2013年にAmazonとのパートナーシップの大部分を終了し、残った大手物流会社（ヤマト運輸と日本郵便）がこれらの配送を引き取ることとなった。しかし、これは佐川急便が受けていた皺寄せをヤマト運輸に押し付ける結果となり、ヤマト運輸の労働環境は悪化した[3]。このように生じたEC市場における宅配実施の持続可能性の危機は、宅配クライシスと表現される。その後、結果的にAmazonは2016年に配送料の値上げに同意した[4]。しかし、ヤマト運輸は労働条件を改善するためにAmazon配送事業（特に当日配送サービス）の一部から撤退することを決定し[5]、Amazonは小規模な配送会社を利用してこの不足分をカバーすることとなった[6]。これは、デリバリープロバイダと呼ばれる配送事業者である。これにより、Amazonのエコシステムは崩壊を免れた。しかし、これらの新規の配送会社は大手物流企業と同等の品質のサービスを提供できず、消費者はプラットフォームから低品質のサービスを受けることとなった。まとめると、Amazonのエコシステムは崩壊を免れたものの、Amazonの利用者は配送クライシスの発生前と比べると、低品質の配送サービスをより高い価格で利用するという状態になってしまったと言える。

このような、日本における宅配クライシスの発生は、単なる物流企業の努力だけでは、ECプラットフォームに対する需要の増大に対応する能力の限界に直面することを意味している。ここでは、物流企業をはじめとしたECプラットフォームにおける参加者間を物理的に繋ぐ役割を果たす企業を、「物理的仲介企業」と呼称する。筆者らは、プラットフォーム市場において物理的仲介企業がボトルネックとなって引き起こされるエコシステムの崩壊に関して、新たなアプローチが必要であると考えている。

本研究ではそのアプローチとして、物理的仲介企業がこうした問題に対処できるようにするための「エコシステム戦略」の適用を検討する。エコシステム戦略とは、「焦点企業がパートナーたちの連携に取り組み、競争的なエコシステムにおけるその役割を担保するもの」としてAdnerによって提起されたものである（Adner, 2017; p.47）。このエコシステム戦略の定義には、様々な場合における様々な解釈の余地がある。本研究の場合においては、焦点企業はプラットフォーム企業である。パートナーやその役割については様々なものがあるが、ここでは物理的仲介企業におけるそれらに着目する。そして、以下のようにリサーチクエスチョンを設定する。

RQ：EC プラットフォームのエコシステムにおいて、物理的仲介企業にアプローチするエコシステム戦略は宅配クライシスに対して効果的か？

本研究の目的は、物理的仲介企業に対するエコシステム戦略の適用が、宅配クライシスによって引き起こされるエコシステム崩壊の回避、およびプラットフォーム市場の進化と持続可能性の促進にどのように貢献できるかを検証することである。本研究では EC プラットフォーム市場における取引と配送過程を簡易的に再現する、エージェントシミュレーションシステムを作成した。そして、日本の EC プラットフォーム市場に関するデータを使用して調整を行った。このシミュレーションを用いて、前述のリサーチクエスチョンについて検証した。

7–2……物理的仲介企業へのエコシステム戦略の適用

EC プラットフォームのエコシステムにおいては、物理的仲介企業である物流企業は、互いに競争関係にあると言える。ただし、エコシステムにおける配送の取り扱い量と物流企業のキャパシティのバランスに応じて、関係には変化が生じ得る。取り扱い量が物流企業のキャパシティより十分に少ない場合には、物流企業はそれらの配送を取り合う競争関係になる。一方で取り扱い量が物流企業のキャパシティに迫り、また超過するような状況になると、本質的に協調関係の必要性が高くなってくる。これは、そのような状況において主要物流企業がいずれか1社でも撤退すると、その埋め合わせを他の物流企業がする（あるいはプラットフォーム企業がそうさせるように交渉する）ことになるためである。つまり、EC プラットフォーム市場が拡大すると、物理的仲介企業間の関係性は、競争関係から協調関係になることが望ましくなると考えられる。

この文脈において、前述のエコシステム戦略の観点から、物理的仲介企業間の連携にプラットフォーム企業が取り組む場合を考える。一例として、次のような調整された配送方式を提案する。まず、①プラットフォーム企業は物流企業に自社の配送能力を申告（または何らかの方法で測定）させ、その能力に基づいて配送注文を重みを付けて配分する、配送配分システムを用意する。次に、②プラットフォーム企業が物流事業者と連携し、各物流事業者が他の物流事業者と配送拠点を共同利用できる体制を整備する。この取り組みの実現は、プラットフォーム企業によるこれらの配送に関するシステムの標準化と、物流企業による標準への適応によって達成される。物流企業がこれらのシステムに参加することで、トータルの配送効率が向上し、全体としての配送能力が増大する。これにより、配送サービスの平均キャパシティが増加し、（各企業でキャパシティの超過が生じることによってもたらされる）サービス品質の低下を防ぐことで、消費者の利益が増加する可能性がある。

このように、本研究ではエコシステム戦略の一例として、「プラットフォーム企業が物流企業と協力して物流サービスを標準化し、物流企業間の連携を向上させる、協調配送の取り組み」を想定する。そして、シミュレーションによりその効果を検証する。

7-3……手法

◆エージェントシミュレーションの構造とプロセス

エージェントシミュレーションは、社会システムを構成するエージェント（とある主体の代理として動作する仮想上の個体）の行動、特に他者に影響を与えるためにそれらがどのように行動するかをシミュレートするものである（Harrison et al., 2007）。エージェントシミュレーションアプローチは、経営学の分野において一般的に使用される手法ではないが、まったく研究がないわけではない。例えば市場環境に対する新規企業の影響（Ganco & Agarwal, 2009）、イノベーションの広がり（Kiesling et al., 2012）、小売チェーンストアの経営戦略の有効性（Chang & Harrington, 2000）、ビジネスエコシステムにおける協力ネットワークの形成（Nishino, Okazaki, & Akai, 2018）、プラットフォーム間の競争（Huotari et al., 2017）といった対象において、使用されてきている。本研究はこのシミュレーション手法を用いることで、前述の戦略の効果を検証する。

シミュレーションにおいて、消費者はプラットフォームを通じて出品者の製品を購入する。出品者は、物流企業を通じて消費者に商品を届ける。プラットフォームは出品者から使用料を受け取り、消費者にインセンティブとして割引を提供する。物流企業はプラットフォームから配送料を受け取る。この構造を基本として、シミュレーションシステムを構築した。なお、Amazon のようなプラットフォームでは、プラットフォーム企業が自社在庫を持つ場合もあるが、ここでは単純化のためにそういった自社在庫は考慮に入れないこととする。

シミュレーションには、プラットフォームエージェント、消費者エージェント、物流企業エージェント、出品者エージェントの4種類のエージェントが含まれている。図7-1にシミュレーションのプロセスを示す。今回のシミュレーションは主に消費者のプラットフォームの利用と物流企業の配送に焦点を当てている。そのため単純化のために、シミュレーションには個々の出品者の具体的な参加メカニズムや、商品の特徴などは実装に反映されていない。

◆エージェントのパラメータ設定とデータの適用

プラットフォームエージェント

本シミュレーションのプラットフォームエージェントは1体だけであり、プラットフォーム間競争は考慮されていない。また、プラットフォームエージェントは、シミュレーション実行中には意思決定や行動を行わない。パラメータは、後述する実験条件の値として事前に決定される。

プラットフォームエージェントは、消費者エージェントと出品者エージェントの間の仲介者として機能し、（自動的に）商品の配送を手配する。EC プラットフォームは小売店のビジネスモデルとは異なり、プラットフォーム企業は卸売手数料や小売手数料を削減できる。ここでは想定を単純にするために、シ

図7-1　シミュレーションプロセス

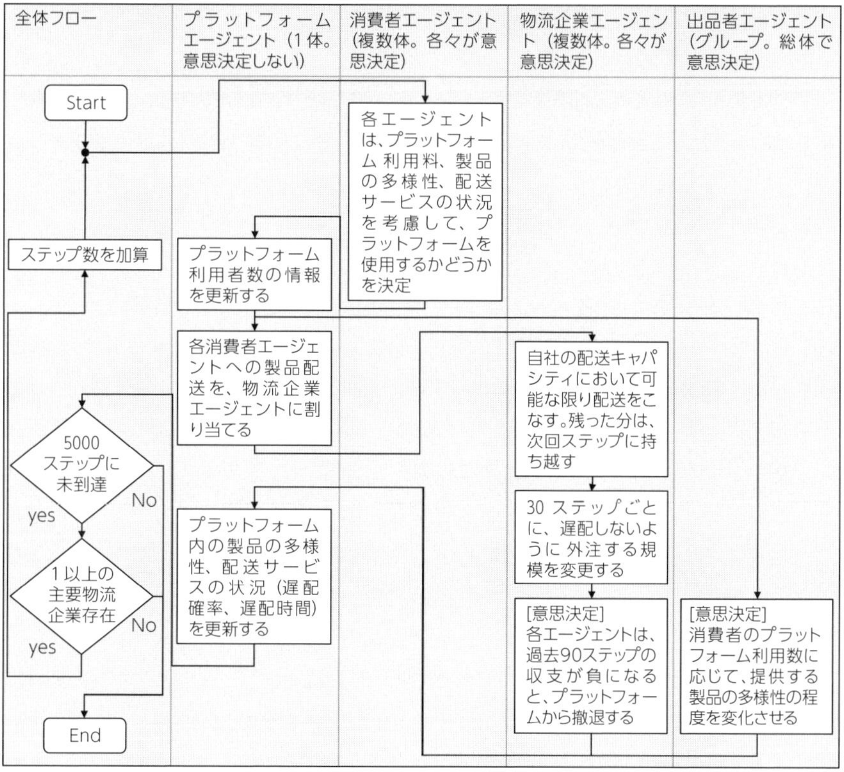

ミュレーションではプラットフォームエージェントの収益と物流企業エージェントの基本配送料が、この卸売手数料と小売手数料の削減分から支払われると仮定した。その後、消費者エージェントのプラットフォーム利用における割引分の料金は、出品者のプラットフォーム利用料の中から支払われると仮定した。ここでは、商品価格の10%、値にすると0.1を、基準値とした。また、プラットフォームエージェントは消費者エージェントに、物流企業エージェントのための追加の配送料 $s^{logi.}$ を課すことができる。これにより、消費者エージェントへの割引率 q^{pay} は、次のように定義される。

$$q^{pay} = -0.1 + s^{logi.}$$

q^{pay} の値が負のとき、消費者エージェントは割引を受けていることを意味する。$s^{logi.}$ の値は、後述のようにシミュレーションの実験条件として設定される。

消費者エージェント

本研究のシミュレーションには、$N^{consumer}$ 体の消費者エージェントが含まれている。個々の消費者エージェントの ID は、変数 i として設定される。このシミュレーションは日本の EC プラットフォーム市場をシミュレートすることを目指したが、数千万人分のエージェントを作成することは、計算時間の面から現実的ではない。そのため、シミュレーション内の一人の消費者エージェントが、実市場の10,000人の消費者に対応するように想定した。$N^{max.con.}$ をプラットフォームを利用対象者となる消費者の潜在的最大規模サイズとして定義し、後述するシミュレーションの実験条件において値が設定される。この時点における日本のインターネット利用者の規模から、このシミュレーションでは $N^{max.con.}=7{,}000$ までを検証することとした(7)。今回は単純に、シミュレーションステップが進むにつれて、$N^{consumer}$ の数は 0 から $N^{max.con.}$ まで単調に増加していくこととする。ここで、Amazon.com は2000年11月に日本でサービスを開始し、2018年 6 月時点で約4,000万人のユーザがいるという点に基づいて、Amazon.com の日本人ユーザの一日当たりの平均増加数を6,380人と単純に計算した(8)。ただし、この値をそのままシミュレーションに適用すると、計算時間が長くなりすぎることが判明した。そのため、値を10倍にしてシミュレーションに適用した。すなわち、シミュレーションの 1 ステップは、おおまかに10日間を表している。つまり 1 ステップごとに、ステップ t 時点で $6.38t$ 番目までの消費者エージェントが、順番にプラットフォーム利用者としてアクティベートされる。

ただし、アクティベートされた消費者エージェントは、すべてがプラットフォームを利用するわけではない。プラットフォームの利用においては、以下のようなモデルで各消費者エージェント i のプラットフォーム利用確率が計算され、値が0.5以上になった場合にプラットフォームを利用する。

$$\ln \frac{p_i}{1-p_i}=\beta_i^1 q^{pay}+\beta_i^2 q^{vari.}+\beta_i^3 q^{delay}+\beta_i^4 q^{deli.}+C_i.$$

ここで、p_i はプラットフォームを利用する確率、q^{pay} はプラットフォームにおける割引率、$q^{vari.}$ は出品された商品の規模、q^{delay} は遅配確率、$q^{deli.}$ は注文から配送までの日数である。それぞれの項にかけられた β は、それぞれの変数がプラットフォーム利用に及ぼす影響力の大きさである。C_i は他の変数に依存しない、固定的なプラットフォーム利用のしやすさを意味する。これらの値は消費者エージェントごとに、2,060名のEC利用者を対象としたインターネット調査アンケートによって得られたデータを用いて事前に計算され、確率的に値が割り当てられた。

q^{pay} は実験条件によって決定され、$q^{vari.}$、q^{delay}、$q^{deli.}$ はシミュレーション実行中に、エージェント同士の相互作用の結果として内生的に決定される。各消費者エージェントは、このモデルにより各ステップにおいてプラットフォームの利用確率をそれぞれ計算する。消費者エージェント i がプラットフォームに参加することを決定した場合、そのステップにおいてプラットフォームに参加して商品を注文し、物流企業エージェントの配送先リストに登録される。

他にも消費者エージェントは、プラットフォームの使用を検討する確率、受け取り可能な曜日と時間帯、在宅による受け取り可能確率といったパラメータがある。これらもアンケートデータを用いて設定された。また、人口統計データに基づいた自宅の場所の位置パラメータを持つ。これらを詳細に説明することは過度に紙面を割くことになるため、詳細に興味がある方は、初出文献を参照願いたい。

物流企業エージェント

シミュレーションには、ヤマト運輸、佐川急便、日本郵便（JP）の大手３社と、他の配送企業を一纏めとした「その他」の、合計４体の物流企業エージェントが含まれている。各社の配送率の配分は、本研究は宅配の割合を、宅配クライシスが始まった2013年に当てはめ、ヤマト：0.46、佐川：0.34、JP：0.12、その他：0.08とした[9]。各物流企業エージェントは独自の配送拠点と輸送車両を持っている。ヤマトは3,688拠点[10]、佐川は445拠点[11]、JPには1,088の拠点がある[12]。また、それぞれの物流企業エージェントは、自社の配送車両を所有する。ヤマト運輸は43,754台[13]、佐川は25,153台[14]、JPの車両数は33,083台[15]であった。「その他」エージェントの車両台数は（43,754＋25,153＋33,083）×0.08より8,869台と設定した。

物流企業エージェントは、プラットフォームから追加の配送量を受けることで、配送キャパシティを向上させることができるものと設定した。具体的には、シミュレーション実験の設定により追加の配送料 $s^{logi.}$ が設定された場合、$(s^{logi.}+0.2)/0.2$ だけ配送キャパシティの上昇があるものとした（つまり、車両台数が増加する扱いとなる）。ここでの0.2は、当時の日本のAmazon.comの配送料は商品価格が2,000円未満の場合400円であったことを参考に、商品価格の20％が基準であるという考えから設定している。

シミュレーションにおける配送の実行においては、各物流企業エージェントは、最寄りの自身の配送拠点の座標から消費者エージェントの自宅の座標まで、直線距離で配送を実施する。つまり、より多くの配送拠点を持つヤマトはより短時間で配送でき、逆に配送拠点が少ない佐川はより時間がかかる。「その他」エージェントの配送拠点は設定せず、すべての配送において20 kmの距離がかかるものと単純に設定した。物流企業エージェントは、最寄りの配送拠点から各消費者に商品を配送する。本研究のシミュレーションでは、一人の消費者エージェントが10,000人の実際の消費者の代表であると見なしたため、物流企業のエージェントは1注文ごとに10,000件の配送を実行する。

各物流企業エージェントは、プラットフォームエージェントから受け取った配送処理が自身の配送能力を超えた場合、利潤を失う代わりに配送業務を外部委託する。単純な利潤の計算として、自社で配送を達成した場合には＋10を獲得し、外部委託を行った場合には－20されるものとした。そして、過去90ステップの利潤がゼロ未満になった場合、その物流企業エージェントはプラットフォームから撤退することを決定するように設定した。このあたりの処理に関しても、詳細に興味がある方は、初出文献を参照願いたい。

出品者エージェント

本研究は消費者と物流企業に焦点を当てているため、シミュレーションには出品者に関する詳細な情報は含まれていない。本研究のシミュレーションでは、出品者エージェントを出品者グループ全体として1体だけ設定した。出品者エージェントは、消費者側のプラットフォーム利用者数の規模に基づいて、プラットフォーム上での商品の提供の程度を変更することを決定する。ここでの詳細な設定についても、興味がある方は初出文献を参照願いたい。

◆シミュレーション実験

今回の焦点は、宅配クライシスの発生を防げるかどうかであるため、それぞれの実験設定の組み合わせにおいて、宅配クライシス的現象が生じたかを確認することになる。前述した宅配クライシスの特性から、物流企業への報酬が十分であれば、取り扱い量が多くても、物流企業は外部企業に委託することで、持ちこたえることができる。また、単純にECの利用者が少なければ、宅配クライシスは生じない。そのため、エコシステム戦略の取り組みの適用だけでなく、追加の配送料と消費者エージェントの最大数を変更させて、宅配クライシスの発生を検証することとした。

具体的には本研究のシミュレーション実験においては、以下に示すように、3つのパラメータを変更させて検証を行う。

- **提案したエコシステム戦略による取り組みの適用**：1（適用される），0（適用されない）（2パターン）
- **追加の配送料** $\boldsymbol{s^{logi.}}$：0, 0.005, 0.01, ..., 0.095, 0.1（21パターン）
- **消費者エージェントの最大数** $\boldsymbol{N^{max.con.}}$：3000, 3500, 4000, ..., 7000（9パターン）

つまり、これらの組み合わせである378とおりのシミュレーション実験を実施した。ただし、シミュレーション実験による結果は試行により多少変化するため、同条件でも繰り返しの実施が必要である。今回は繰り返し回数を50回とし、得られた評価指標（後述）の平均値を、その実験条件における結果とした。なお、$N^{max.con.}$が3,000未満のときには宅配クライシスは一切生じないことを事前に確認したため、$N^{max.con.}$の開始値は3,000とした。また、シミュレーションにおけるステップtは、1から5,000までとする。これは事前の実験により、4,000ステップまでで十分収束することを確認したためである（リミットサイクルによる収束を含む）。

提案するエコシステム戦略、つまり協調配送の取り組みのシミュレーションにおける反映方法は以下のとおりである。まず、前述のように標準的な各企業の配達配分比率は、当時の値を反映してヤマト：0.46、佐川：0.34、JP：0.12、その他：0.08と定義した。今回の取り組みを導入すると、各物流企業の配送能力と配送車両台数の比率をもとに、ヤマト：0.39、佐川：0.23、JP：0.30、その他：0.08とこの比率が再定義される。また、協調配送の取り組みを導入することで、各物流企業はラストマイル配送において他の物流企業の配送拠点を利用することが可能となる。これにより、特に拠点数が少ない佐川急便やその他配送企業を模したエージェントの配送負担が軽減される。

シミュレーション実験における評価指標は、（1）**消費者エージェントのプラットフォーム利用者数**と、（2）**物流企業エージェントの3社の総利潤**、の2つとした。この指標は、シミュレーション実験における最後の500ステップ（ステップ4,501～5,000）における平均値を計算することで算出する。

7-4……結果

◆シミュレーション実験における内部パラメータの推移

図7-2は、消費者エージェントの最大数$N^{max.cons.}=4{,}000$、追加配送料$s^{logi.}=0$と入力値を設定した場合における、1つの実験における内部パラメータの

図7-2　ある実験条件におけるシミュレーションの内部パラメータの推移

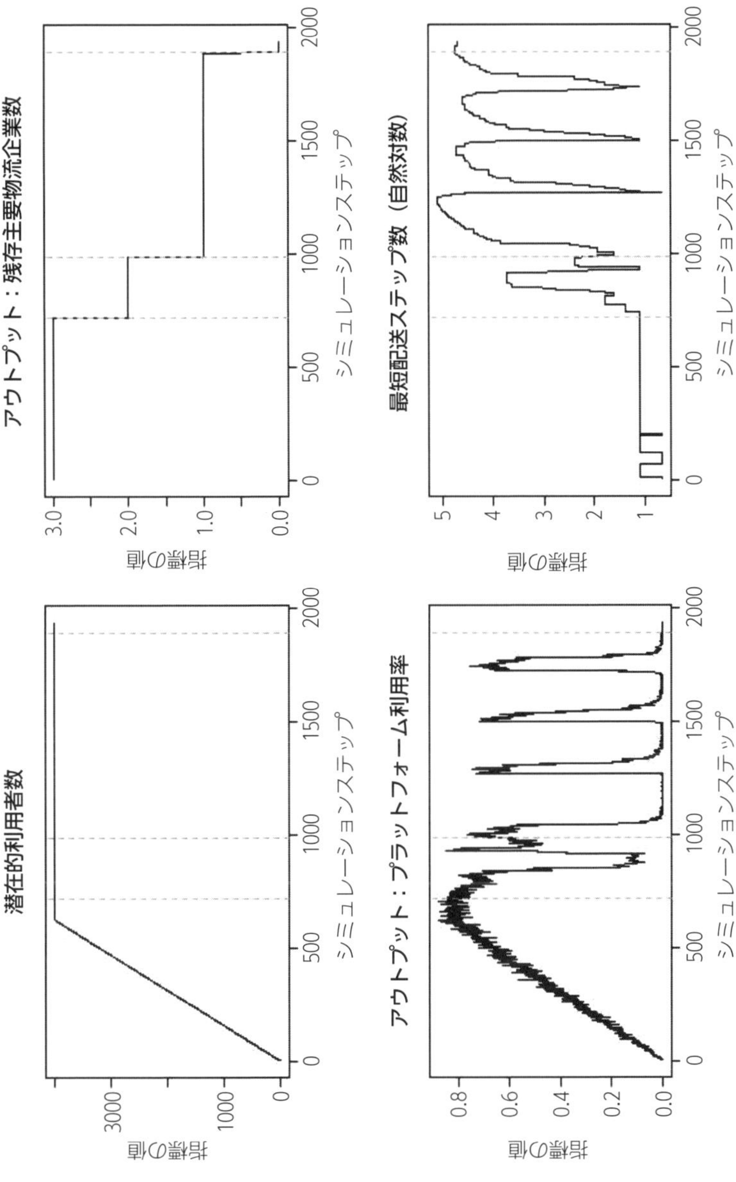

推移を示している。ここでは、横軸はシミュレーションステップを示し、縦軸は参加した潜在的な消費者エージェントの数、消費者エージェントのプラットフォーム利用率（4,000エージェントうちプラットフォームを利用した割合）、主要物流企業エージェント（ヤマト、佐川、JP）の残存数、最小配送ステップ数（自然対数）の推移を示す。

ここでは結果として宅配クライシスが発生し、それによりエコシステム崩壊が生じていることが分かる。その過程は次のとおりである。まず、初期段階における市場の拡大はスムーズに達成された。その後、ステップ720前後において、物流企業エージェントのうち1つがプラットフォームから撤退することを決定した。それにより配送環境は不安定となり、大規模な遅配が生じるようになった。さらに、こうした遅配の発生による配送サービス品質の低下により、プラットフォームの利用者数は大きく減少した。ステップ990前後において、第二の物流企業エージェントがプラットフォームから撤退することを決定した。その後はエコシステムの安定的な維持は不可能となった。

なお、エコシステムの崩壊後にプラットフォーム利用率が増減しているのは、消費者エージェントに「撤退後に再度参加しない」という行動原理を含めていないためである。この状態においては、「その他」の物流企業エージェントのみが配送を担当するが、①配送を捌ききれなくなり大規模な遅配が生じる、②消費者エージェントはプラットフォームの利用をやめる、③遅配が解消される、④再度消費者エージェントが参加して①に戻る、といったパターンが繰り返されている。

◆シミュレーション実験結果（エコシステム戦略導入前）

図7-3は、すべての実験条件におけるシミュレーション結果を示している。横軸は消費者エージェントの最大数 $N^{max.cons.}$、縦軸は追加配送料 $s^{logi.}$ であり、いずれもシミュレーションの入力値である。図7-3は3次元図であり、色の濃さによりz軸を表している。z軸には（a）消費者エージェントのプラットフォーム利用者数と、（b）物流企業エージェントの3社の総利潤の2つの評価指標についての値が色の濃さで表されている。ここでは色が白くなるほど値が

図7-3　シミュレーション結果の概観

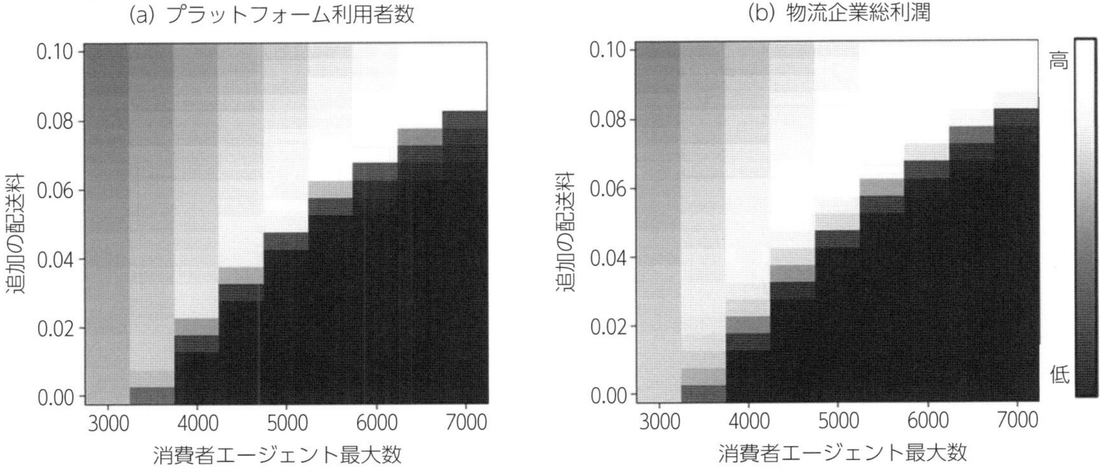

高く、黒く濃くなるほど値が小さいことを示している。結果が示すように、消費者エージェント最大数3,000の時点が、追加の配送料が無くても宅配クライシスが生じない消費者数の最大値であったことを示している。この値を超えると宅配クライシスが生じてエコシステムが崩壊するため、これを回避するために、プラットフォーム企業エージェントは物流企業エージェントに追加の配送料を支払う必要があることが示されている。

図7-4(a) に宅配クライシスが生じてエコシステムが崩壊する軌跡を示し、図7-4(b) に図7-3(a) (b) それぞれに示した評価指標が最大値となる $s^{logi.}$ の軌跡を示す。この2つの図を見比べると、評価指標を最大にする軌跡と、エコシステムを崩壊させる軌跡には大きな位置の違いがないことが示されている。特に、プラットフォーム利用者の最大値の軌跡と崩壊の境界軌跡における $s^{logi.}$ の差はわずか0.005～0.010程度であるため、最大のエコシステムの成長とエコシステムの崩壊は隣り合わせにあることが示されている。また、プラットフォーム利用者数と物流企業の利潤との最大値の間には、軌跡に差異があることも示されている。したがってこの結果は、プラットフォーム企業は利用者規模と物流企業の利潤を同時に最大化することができず、トレードオフの関係にあることを示している。

◆シミュレーション実験結果（エコシステム戦略導入後）

ここから、エコシステム戦略を導入した場合の結果の変化を確認する。図7-5はエコシステム戦略導入前後の、エコシステム崩壊の軌跡の差異を示している。この結果は、エコシステム戦略の導入により、追加配送料 $s^{logi.}$ がより低くなる方向に、軌跡が移動したことが示されている。この $s^{logi.}$ の値の差は約0.030～0.034であった。またこの結果は、エコシステム戦略の導入により、時間的にみてもエコシステムの崩壊の開始が延期されたことを示している。導入前後のプラットフォーム利用者数の差異はおおよそ、約2,000の消費者エージェント（2,000万人の消費者）に相当し（$s^{logi.}=0.04$ の時点)、これらの消費者が増加する期間分、プラットフォームはエコシステムの崩壊を心配する必要がなくなると言える。このように、提案するエコシステム戦略の導入により、宅

図7－4　エコシステムが崩壊する境界の軌跡と各指標を最大化する追加配送料の軌跡

(a) 崩壊の境界

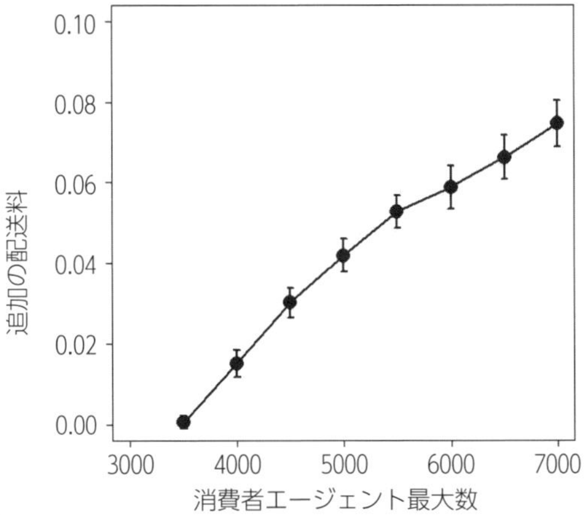

(b) 指標を最大化する追加配送料

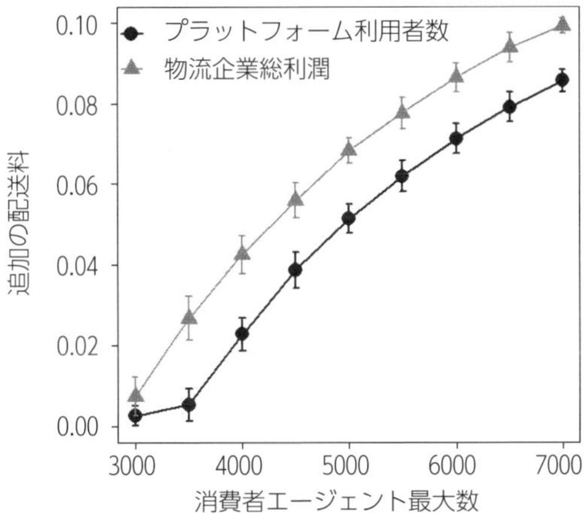

図 7－5　エコシステム崩壊の軌跡の比較

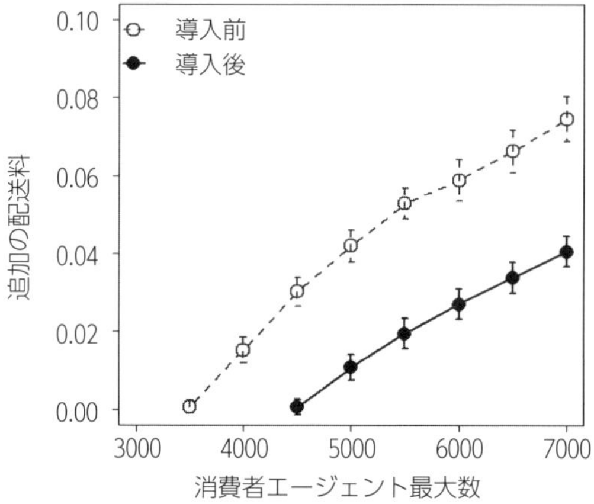

配クライシスの発生とそれによるエコシステム崩壊のリスクを軽減できることが示唆されている。

図7-6（a）と（b）は、それぞれエコシステム戦略導入前後の、プラットフォーム利用者数（指標A）の最大値における $s^{logi.}$ の軌跡と、と物流企業の総利潤（指標B）の最大値における $s^{logi.}$ の軌跡を示している。図7-6（c）と（d）は、横軸の各値における指標の最大値を縦軸に置いた場合の、エコシステム戦略導入前後の比較の図である。結果が示すように、エコシステム戦略の導入により、プラットフォーム利用者数と物流企業の総利潤の最大値を追求するうえで必要な追加配送料 $s^{logi.}$ が減少したことがわかる。また同時に、両方の評価指標の最大値が増加したことがわかる。例えば横軸が最大の場合（$N^{max.cons.}=7{,}000$）においては、プラットフォーム利用者数は約1.10倍に増加し、物流企業の総利潤は約1.22倍に増加した。この結果は、物理仲介業者に対するエコシステム戦略の導入により、プラットフォーム企業がプラットフォーム利用者と物流業者の利益の両方を向上させることができることを示している。加えて、図7-6（a）および（b）に示すように、エコシステム戦略導入後の評価指標が最大になる軌跡は、２つの指標間でほとんど一致した。これは、図7-4（b）で示したトレードオフの結果とは異なる。これにより、今回提案したエ

図7－6　各評価指標を最大化する追加配送料の軌跡と各指標の最大値の比較

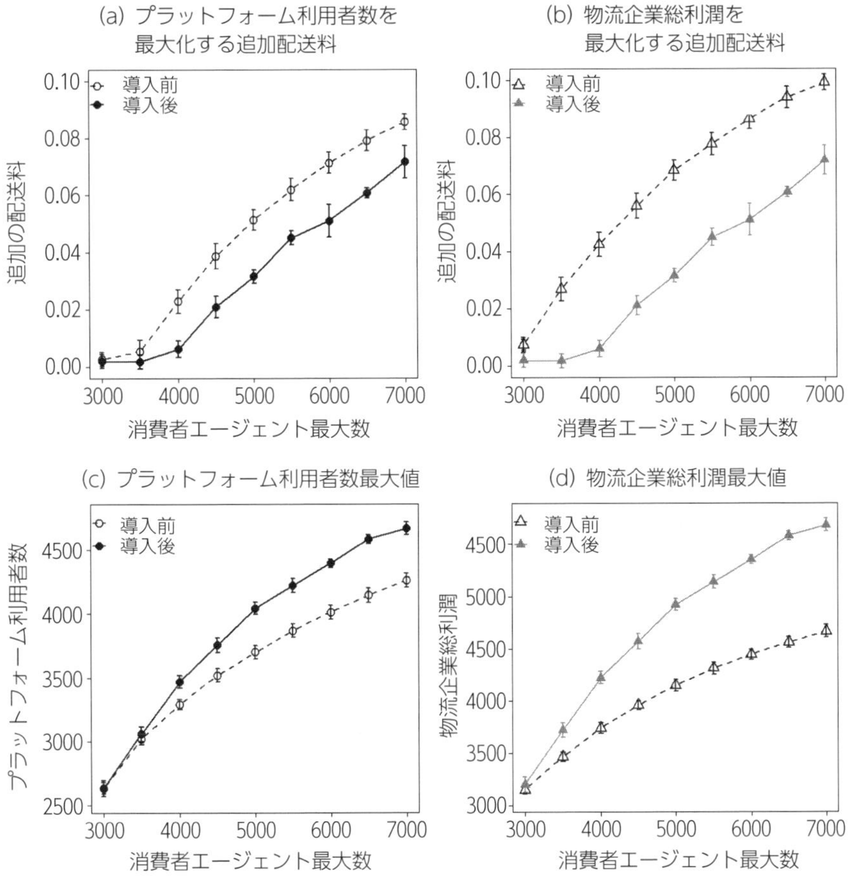

コシステム戦略の導入は、プラットフォーム利用者数と物流企業の利潤最大化との間のトレードオフを解消できる可能性も示唆する。

7-5……考察

◆結果の解釈

本研究は、物理的仲介企業を対象としたエコシステム戦略の取り組みの導入がプラットフォーム市場の進化に効果的であり、同時にプラットフォームエコシステムの崩壊を防ぐことで市場の持続可能性を促進することを示した。この主な成果に加え、エコシステム戦略の導入により、プラットフォーム利用者と物流事業者の利益とのトレードオフ関係が解消され、両者の最大化が可能となることが確認された。これは以下のようなメカニズムによるものと推測される。物流企業エージェントは、配送需要が配送能力を超えた場合、業務を外部委託することを決定するが、その決定から委託の開始までには遅配が発生する。エコシステム戦略導入前においては、このような遅配は一部の物流企業エージェントに限られるため、全体への影響は小さい。しかし、提案したエコシステム戦略が導入された場合、ここでの遅配は大手物流企業全体で発生するため、消費者への影響がより大きくなる。それにより、消費者エージェントのプラットフォーム利用者数が自律的に調整され、両者の軌跡の一致が生じたものと考えられる。したがって、この結果は、物理的仲介企業間の標準化と協調を促進するエコシステム戦略の導入が、エコシステムの参加者間に新たな自己調整メカニズムを生み出し、それがプラットフォームエコシステムの維持と拡大に利益をもたらすことを示唆している。

◆理論的インプリケーション

第一に、本研究はプラットフォームエコシステムにおける物理的仲介企業の重要性を示している。プラットフォームエコシステムに関するこれまでの研究では、プラットフォーム企業、補完者、および消費者が主な対象として研究されてきた（例：Clements & Ohashi, 2005, Inoue & Tsujimoto, 2018a）。しかし、一部のプラットフォームエコシステムにおける価値提案には、本質的には物理的仲介企業の存在が必須である。先行研究はこの観点を見落としており、エコシステムの主要な参加者に物理的仲介企業を含めた研究は無いか、ほとんどなかった。本研究は、プラットフォームエコシステムにおける物理的仲介企業の研究の最初のステップを提供することで、研究領域の拡大に貢献するものである。

第二に、本研究はプラットフォームエコシステムの研究において、豊富にデータを活用したエージェントシミュレーションの実装例を示した。Boero & Squazzoni (2005) は、特定の戦略と方法を通じて、経験的知識をモデリングの実践に適切に組み込む必要があると示唆している。本研究はアンケート調査に基づく消費者の意思決定モデルの構築と、消費者と物流拠点の実住所データのマッピングにより、現実に近いシミュレーション環境の再現を試みた。より単純で理論的なエージェントシミュレーションは構造を明確にすることができるが、そのようなシミュレーション方法には、実際の状況への適用可能性に疑問が生じるとも言える。本研究が提示した実際のデータセットに基づいた方法は、より信頼性が高く有効なシミュレーション結果を提供することができると考えており、将来のエコシステム研究にも役立つ観点であると主張したい。

◆実践的インプリケーション

第一に、本研究はECプラットフォームにおける配送料のダイナミックプライシングの重要性を示している。図7-3のシミュレーション結果が示すように、商品価格比でわずか0.005～0.010程度の配送料金の差が、物流企業の撤退とそれに伴うエコシステムの崩壊を引き起こす可能性があることが確認された。したがって、プラットフォーム企業は、市場の拡大とともに物理的仲介企業の状況を注視し、持続可能な事業活動を行うことができているかに注意を払い続けなければならない。そして必要に応じて、それら企業の収益性を高めるために価格設定を変更する必要がある。

第二に、本研究のシミュレーション方法は、エコシステム戦略の有効性を実社会において検討してみるうえで、有用であると考えている。本研究のシミュレーションは主に実際のデータに基づいているため、取得された結果は、プラットフォームの利用者数といった実際の指標の推定値として解釈できる。状況に応じて、本研究のシミュレーションの水準より簡素に、あるいは複雑にする必要はあるだろうが、こういったデータを活用したエージェントシミュレーションアプローチは、複雑なエコシステムの挙動を予測するにあたって、役に立つ方法であると期待している。

（1） 国土交通省「平成24年度宅配便等取扱実績について」（https://www.mlit.go.jp/report/press/jidosha04_hh_000060.html）2019年10月10日アクセス。
（2） 産経ニュース「要求高くて対価は低い 佐川がアマゾンとの取引撤退」（https://www.sankei.com/economy/news/131001/ecn1310010062-n1.html）2019年10月10日アクセス。
（3） Aera dot.「アマゾン送料「有料化」で変わるか　過酷すぎる配送業の実態」（https://dot.asahi.com/aera/2016041800083.html?page =1）2019年10月10日アクセス。
（4） ITmedia PC USER「Amazonの「全品送料無料の廃止」が意味するもの　プライム会員はもう逃げられない？」（https://www.itmedia.co.jp/pcuser/articles/1604/09/news017.html）2019年10月10日アクセス。
（5） 日本経済新聞「アマゾンの当日配送撤退　ヤマトが方針」（https://www.nikkei.com/article/DGXLZO15027450X00C17A4MM8000/）2019年10月10日アクセス。
（6） 産経ニュース「アマゾンの遅配　インフラ維持にも責任を」（https://www.sankei.com/column/news/170708/clm1707080001-n1.html）2019年10月10日アクセス。
（7） この値は、当時の日本のインターネット総利用者数9,500万人にインターネットショッピング利用者の割合（72%）を乗じた値となる。e-Statより日本のインターネット利用者数を取得した（https://www.e-stat.go.jp）2018年12月26日アクセス。また、総務省の平成27年版情報通信白書よりインターネットショッピング利用率を取得した（http://www.soumu.go.jp/johotsusintokei/whitepaper/ja/h27/html/nc122400.html）2018年12月26日アクセス）。
（8） NetShop Tantousha Forum（https://netshop.impress.co.jp/node/5764）2018年12月26日アクセス。
（9） 国土交通省のレポートより取得（http://www.mlit.go.jp/common/001047891.pdf.）2018年12月26日アクセス。
（10） ヤマト運輸Webサイトより取得（https://www.e-map.ne.jp/p/yamato01/）2018年12月26日アクセス。
（11） 佐川急便Webサイトより取得（http://www.sagawa-exp.co.jp/company/branch/）2018年12月26日アクセス。

(12) JP の Web サイトから取得, https://www.post.japanpost.jp/shiten_search/, 2018年12月26日アクセス。

(13) 上記のヤマト運輸 Web サイトから取得。

(14) 上記の佐川急便 Web サイトから取得。

(15) 上記 JP の Web サイトから取得。

第8章　アクションデザインリサーチ

——企業との共同作業からエコシステムへの理解を得る——

本章では、アクションデザインリサーチのアプローチの一例を紹介する。このアプローチでは、企業と共に実際にエコシステムを設計したり、あるいはエコシステムの設計過程においてある理論を適用したりすることで、そこからエコシステムの理解に繋がる知見や学びを得ることを目指すものである。この研究アプローチは、ここまでで紹介したアプローチと比較して、おそらく最も難易度が高いものである。これを実践する研究者はエコシステムに関する深い理論的理解が必要不可欠であるし、同時に企業が時間と資源を割いてこれに協力する意思を獲得しなければならず、それだけのメリットを示す提案を企業側に提示する能力も求められるためである。もちろん、タイミングや運も絡んでくる。また、これまでのアプローチと違って、研究内容の構造化が比較的難しいという点も挙げられる。一方でうまくいけば、他のアプローチでは決して獲得できない知識を得ることができるとも言える。本章の内容は、筆者と共同研究者がある日本企業とともにプラットフォームエコシステム構造の設計プロジェクトを実施した事例の紹介と、そこから得られたエコシステム構造の設計に関する知見をまとめたものである。

8-1……研究の背景と目的、および研究アプローチ

センサ、Internet of Things (IoT)、データサイエンス、その他の関連分野の近年の発達は、非プラットフォーム企業が自社のビジネスをプラットフォーム関連ビジネスに拡大する潜在的な機会を提供している。それゆえ、プラットフォームエコシステムの概念は、これまでプラットフォームを提供してこなかった企業で働く社内企業家にとって、より重要になる可能性がある。ただし、社内企業家がこれを検討するとき、次のような質問に対処する必要がある。

・適切な補完者と消費者は誰か？
・プラットフォームはこれらの関係者にどのような価値を提供するか？
・これらの関係者は、獲得した顧客の中にすでに存在しているか？
・どのようにして多面的な市場を創出するのか？

・補完者がプラットフォーム上でイノベーションを生み出すことができるシステムをどのように設計すればよいのか？

これらの質問に対する答えは相互に関連しており、エコシステム構造の設計は非常に複雑になる。しかし先行研究は、社内企業家がエコシステムを生み出すうえでのこういった課題に対して、どのように対処すればいいかの知見を提供してはいない。

また、これらの課題に対処する際、社内企業家は企業家が直面するものとは異なる特定の制限に直面する可能性がある。社内企業家が新しい事業を立ち上げ、イノベーションを追求するというリスクの高い決断を下すとき、企業のリソースを利用し、企業の文化とルールのもとで働き、組織の合意を必要とする（Camelo-Ordaz et al., 2012; Davis, 1999; Honig, 2001）。企業家とは異なり、社内企業家は、働いている会社とリスクを共有する（Martiarena, 2013）。したがって、社内企業家のパフォーマンスと可能性は、経営陣の視点と、そこからのサポートの有無に大きく依存する（Menzel, Aaltio, & Ulijn, 2007）。意思決定者は、業務ルーチン、戦略的複雑さ、組織の慣性、または支配的な内部または外部連合の確立された権力と権限などの多くの要因を通じて、社内企業家による革新的な取り組みを抑制する可能性がある（Brenk et al., 2019）。さらに、確立された企業の意思決定者は、複雑で革新的なビジネスモデルを採用することを躊躇する（Brenk et al., 2019）。このように、社内企業家の事業創造プロセスは企業家と同じにはなり得ず、またエコシステムを設計するために必要なプロセスは社内企業家と企業家の間で異なる可能性がある。

一部の研究は初期段階でのエコシステムの設計プロセスに焦点を当てているが（Daiberl et al., 2019; Fürstenau et al., 2019; Hein et al., 2019; Otto & Jarke, 2019; Shi, Li, & Chumnumpan, 2021）、それらは企業家や企業間アライアンスがプラットフォーム・ビジネスを確立する状況に焦点を当てており、社内企業家に関する視点のものではない。また、そのような研究も未だ少数で、そこから得られたエコシステムの設計プロセスに関する知見は十分なものではない（Shi, Li, & Chumnumpan, 2021）。このような背景から、本研究では、次のリサーチクエスチョンを提示する。

RQ：（A）社内企業家が既存の非プラットフォーム企業においてプラットフォームエコシステムビジネスを導入したい場合、どのようなプロセスに従う必要があるか？

（B）そのプロセスを完了するには社内企業家にどのような能力が必要か？これらは企業家のものとどう違うのか？

このようなリサーチクエスチョンを探求するために、無線周波数識別子（RFID）に関連する技術プラットフォームに基づくエコシステムの設計に取り組む企業（富士通フロンテック株式会社：以下、FTEC）と協力して、アクションデザインリサーチ（以下、ADR：Sein et al., 2011）プロジェクトを実施した。ADR（Sein et al., 2011）は、特定の組織の設定における問題に研究者が介入して対処を行い、その問題に対処するための成果物を構築・評価することに取り組むものである。ADR の典型的な方法（Sein et al., 2011）に従って、FTEC と協力して ADR プロジェクトを実施し、プラットフォームエコシステム構造を設計した。なお、ここでは機密保持の制限を考慮しつつ、公開可能な部分のみを記述する。

◆対象企業の特徴

FTEC は、富士通グループに属する日本の企業である。金融、物流、官民産業などで様々な事業を展開している。主要事業には、ATM、小売店のデバイス、POS システム、ハンドヘルド端末、RFID デバイスおよびシステム、デジタルサイネージシステム、およびその他の付加サービスが含まれる。FTEC は従来から様々なハードウェア製品を主力事業として展開してきたが、近年はハードウェア製品の低価格化が課題となっている。そこで FTEC は、ハードウェア中心からサービス中心への事業構造の転換を当時図っており、RFID はその主要ターゲットの１つとなっていた。FTEC は従来から RFID タグの技術的優位性（具体的には高性能・耐久性）に注力してきたが、近年 RFID タグは技術的に成熟し、技術的な差別化が難しくなってきていた。FTEC は、RFID タグの価格を引き下げ、追加のソリューションやサービスから利益を得る必要があった。この課題に対処するため、FTEC は自社の RFID 関連技術をベースにプラットフォームを構築し、エコシステムを構築して事業規模を拡大することを検討していた。FTEC では、ADR プロジェクトの開始に先立って、RFID を活用したデジタルプラットフォームシステムの構築を完了させていた。次のステップは、エコシステム構造を設計し、RFID サービス業界の将来のプラットフォームリーダーになるための道筋を発展させることであった。

◆研究デザイン

ADR プロジェクトは正式には産業技術総合研究所（以下、産総研：当時筆者が所属）と FTEC との共同研究プロジェクトとして実施された。プロジェクトの期間は2017年11月から2020年３月までの29ヶ月で、プロジェクトの完了に伴って終了となった。プロジェクトの基本メンバーは、産総研の研究者２名（筆者を含む）と、FTEC の実務家２～４名で構成されていた。「２～４名」という表現は、FTEC の社内人事異動による人数の変動があったことを示している。他の産総研の研究者や FTEC の実務家も、必要に応じてオンデマンドでプロジェクトに参加した。プロジェクト会議は月に１～３回程度開催された。FTEC の担当者は、機密保持契約に基づいて技術やビジネスに関する必要な情報を提供し、必要に応じて従業員や顧客にインタビューして情報を取得・提供することもあった。

今回の ADR プロジェクトは４つのステージから成り立つ。ステージ１では、ADR プロジェクトの動機を研究者側と実務家側で整理・調整し、共同研究プロジェクトの契約を締結した。ステージ２では、プラットフォームエコシステム構造の設計を実施した。ここでは、「設計の検討または再検討から始まり、設計完了後には FTEC の評価者へ提案内容を提出し、内容の評価が実施される」までを１連のサイクルとして設定した。ステージ２におけるサイクルが完了後、ステージ３に進み、このサイクルから得られた示唆を整理した。ステージ２において FTEC の評価者からの提案内容の承認が得られなかった場合には、ここからまたステージ２に戻り、再度エコシステムの設計サイクルを繰り返す。提案内容の承認が得られた場合には、ステージ４に進む。ステージ４では、ステージ2における一連のサイクルにおける実施内容と、ステージ3からの示唆を整理して、社内企業家がプラットフォームエコシステム構造を設計するためのプロセスを整理した。

8-2……ADRプロジェクトの進行と成果

◆エコシステムの初期モデル

はじめに、RFID技術の特性や、FTECが目指す「サービス化」への戦略的目標と対応して、プラットフォームエコシステムとデジタルサービタイゼーションの2つの概念を組み合わせて、エコシステムの初期構造を構築した。

ここで、デジタルサービタイゼーションについての説明を提供しておく。まず「サービタイゼーション」とは、サービスを製品に抱き合わせることで、製品に新しい価値を追加する方法である（Vandermerwe & Rada, 1988）。サービタイゼーションの導入は、消費者のロイヤルティを向上させ、顧客が競合他社に乗り換えるリスクを軽減する点で、企業にとって有益となる（Vandermerwe & Rada, 1988）。これに関連して近年、「デジタルサービタイゼーション」が注目を集めている（Cenamor, Rönnberg Sjödin, & Parida, 2017; Kohtamäki et al., 2019; Opresnik & Taisch, 2015; Sklyar et al., 2019）。これは端的に言えば、デジタル技術によってサービス（デジタルサービス）を提供する、サービタイゼーションである。デジタルサービスは従来のサービスと比べて、（1）限界費用がほぼゼロであること、（2）補完することしかできない従来のサービスとは異なり製品の代替が可能であること、（3）特にハードウェアおよびソフトウェアのビジネス分野における新たなビジネスチャンスを開拓できること、という3つの利点がある（Vendrell-Herrero et al., 2017）。

構築したエコシステム構造と、従来のデジタルサービタイゼーションとの違いを明確化するために、図8-1に従来のデジタルサービタイゼーションからプラットフォームエコシステムのデジタルサービタイゼーションへの遷移を示す。

図8－1　単純なデジタルサービタイゼーションからプラットフォームエコシステム形式のデジタルサービタイゼーションへの移行

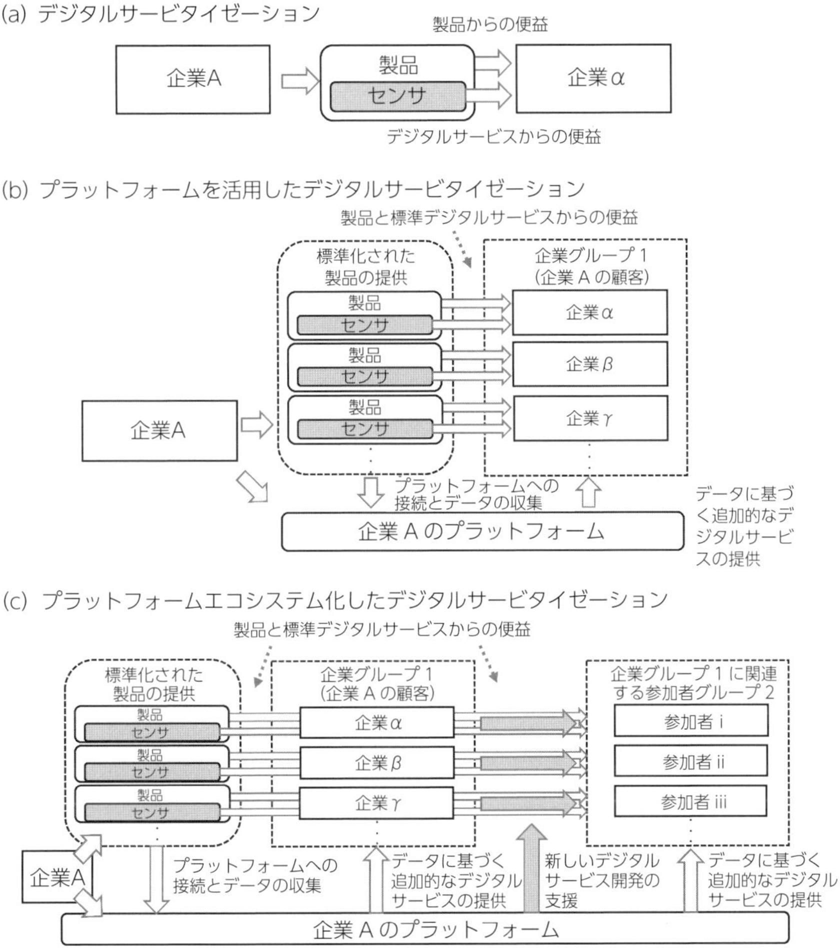

図8-1(a) はデジタルサービタイゼーションの単純な形式を示しており、企業A は製品にセンサを搭載し、それを用いてデジタルサービスを顧客に提供する（B2B 形式を想定)。図8-1(b) は、デジタルサービタイゼーションに関するこれまでのプラットフォーム関連の研究での提案内容（例：Cenamor, Rönnberg Sjödin, & Parida, 2017; Kamialldin et al., 2020; Paschou et al., 2020）に対応する、プラットフォームを活用したデジタルサービタイゼーションの形式を示している。この場合、企業 A は製品に付随した標準的なデジタルサービスに追加して、自社のプラットフォームを使用して顧客に付加的なサービスを提供できる。最後に、図8-1(c) はこれらがエコシステム化された状態を示している。この形態には新たな参加者グループが含まれており、企業 A のビジネスモデルは「B2B」から「B2B2B」または「B2B2C」に変わる。ここでは次の 3 つの前提がある。（1）製品とセンサは、追加された参加者グループに到達する必要がある。（2）グループ 1 と 2 の関係は一対の固定的関係であってはならず、状況に基づいて変更できる。（3）企業 A は、潜在的な補完者（図8-1(C) の企業グループ 1 に対応）によって顧客に提供される新しい価値（新しいデジタルサービス）の発生余地を残している。製品やセンサが届かなければそもそもエコシステムに参加できないため、前提（1）の必要性は明らかである。間接的なネットワーク効果のメカニズムに基づいて、グループ 1 と 2 の間でネットワーク効果を働かせるには前提（2）が必要である。前提（3）は、エコシステム内の補完者によるさらなるイノベーション創出の機会を得るために必要である。

逆に言えば、これら 3 つの前提条件が満たされれば、プラットフォームエコシステムの形成によるメリットが企業 A に提供される。図8-2はこれらの利点を強調するために、図8-1(c) を概念的に再構成したものである。まず、エコシステム内の参加者は、新しいデジタルサービスを生成できる。これは、次の 2 つの方法で実行される。

(a) 新しい参加者グループ（グループ 2）を含めることによって増大したニーズに対応する、プラットフォーム企業 A による標準的なサービスの開発。
(b) グループ 1 の企業による顧客（グループ 2）へのサービス価値の向上を行う補完的なサービスの開発。

図8-2　プラットフォームエコシステムベースのデジタルサービタイゼーション実装のメリット

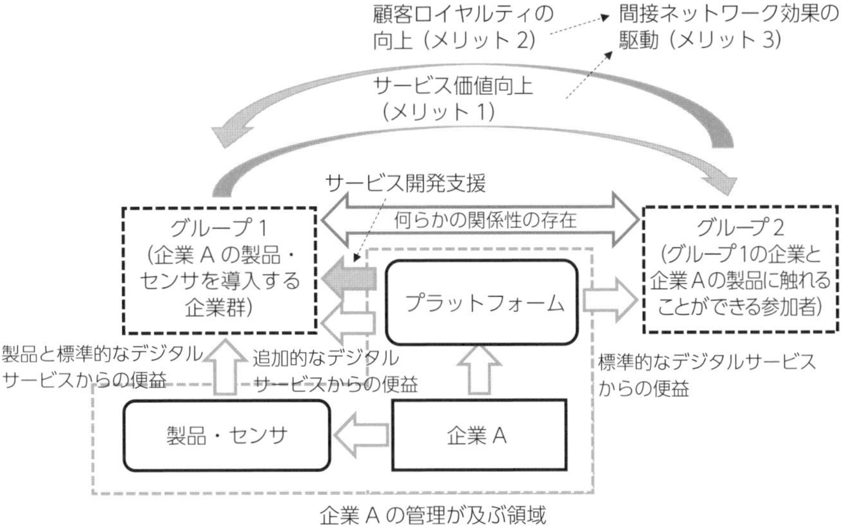

特に、(b) による補完的サービスの開発成功はグループ2によるグループ1への顧客ロイヤルティの向上に繋がり、グループ1と2の間で善循環が生まれる。これが非固定的な関係性において実現されれば、グループ1と2の間で間接ネットワーク効果が働き、市場の拡大が実現される。

このように設定した初期のエコシステム構造をベースとして、以降はADRプロジェクトによりFTECのRFID技術に基づいたエコシステム構造の設計を達成することを目指した。

◆エコシステム構造設計の第一サイクル

デジタルサービタイゼーションを組み込んだエコシステムの概念モデルを作成した後、FTECとその競合他社のRFID製品および関連するデジタルサービスビジネスを理解する作業を行った。これは、FTECのRFIDビジネスにおける競争上の優位性を特定し、それをエコシステムに組み込むことで強力なエコシステム構造を構築するために必要であった。これを行うにあたり、FTEC側からFTECがこれまで実施してきた約180社を対象としたRFID関連事業の詳細情報が提供された。さらに、国内のRFID関連企業56社のWebサイトから241件のRFIDビジネスの事例を調査した。このデータとFTECの提供データ（成功事例のみを抽出）を組み合わせた後、以下のように分析した。①各事例を特徴付ける構成要素を分解し、構成要素のリストを作成した。②各事例について、各構成要素が該当するかをダミー変数により数値化した。③クラスター分析（Ward法による階層的クラスタリング）を使用して、類似した特徴を持つ群ができるように事例を分類した。その結果、表8-1に示すように、事例は8クラスターに分類された。そのうちFTECがこれまで成功してきた事例は、クラスター1、2、3、7において観察された。このようにして、FTECのRFIDビジネスの競争領域と、そこでの典型的なデジタルサービスパターンを特定した。

この後に、デジタルサービタイゼーションを組み込んだプラットフォームエコシステムの初期モデル（図8-1(c)、図8-2）に基づいて、具体的なプラットフォームエコシステム構造の検討を開始した。まず、対象市場を選定した。FTECの当時のビジネス上の焦点を考慮して、アパレル市場、リネン市場、花卉市場の3つを検討した。その中で、特に規模が大きく、新技術の受容性が比較的高いと判断されたアパレル市場を、今回対象にすることに決定した。そして、図8-3に示すような、以下の要素によって特徴付けられるエコシステム構造を提案した。

要素A：RFIDビジネスの特徴を考慮したプラットフォーム普及戦略

今回のプラットフォームのエコシステムの範囲は、RFIDデバイスの普及範囲によって異なってくる。そのため、より多くの対象がRFIDデバイスを最大限に使用できる方法を検討した。アパレル市場の特性を考慮して、アパレルのサプライチェーン上流でのRFIDタグの導入を促進することを決定した。これは、アパレル工場で生産される衣料品のラベルタグにRFIDタグを埋め込む方法が最もコスト効率が高いと考えられたためである。埋め込まれたRFIDタグは、サプライ チェーンの各段階で使用することができる。さらに、物流、倉

表8-1　単純なデジタルサービタイゼーションからプラットフォームエコシステム形式のデジタルサービタイゼーションへの移行

クラスター	事例サンプル数	ラベル	デジタルサービス
1	**26**	**レンタル品管理**	**商品のレンタルプロセスの効率化・自動化を実現する。**
2	**55**	**室内（店舗、オフィス、保管庫含む）の物品管理**	**一括スキャンで物品管理の効率化を実現する。**
3	**30**	**物流の最適化**	**一括スキャンと自動スキャンで物流の効率化を実現する。**
4	22	工程管理	RFID をスキャンして必要な情報を書き込むことで、製造工程の効率化を実現する。
5	37	照合管理	主に人を対象に、リスト（従業員名簿など）と照合して防犯性を高める。既存のシステム（勤怠管理システムなど）と連携するケースが比較的多い。
6	56	その他	−（それぞれの事例において、多様なデジタルサービスが提供されている。）
7	**17**	**位置・動態の管理**	**物流倉庫や建物内の商品の位置を把握して管理する。**
8	14	サプライチェーンの俯瞰	サプライチェーン上の商品の場所や量、在庫などを俯瞰的に把握する。

注：太字は FTEC の競争領域を含むクラスターを意味する。

庫、卸売、店舗などの下流の企業は、上流で導入された RFID タグを利用することができる。

要素 B：標準サービスと補完サービスの用意

図8-2に対応して、標準サービスと補完サービスの２つのタイプのデジタルサービスを検討した。

①**要素 B-α**：標準サービスは、レンタル管理、店舗 / 倉庫の商品管理、物流の最適化、位置・動態管理などの、FTEC によって確立さ

図 8-3　第一サイクルで設計されたエコシステム構造

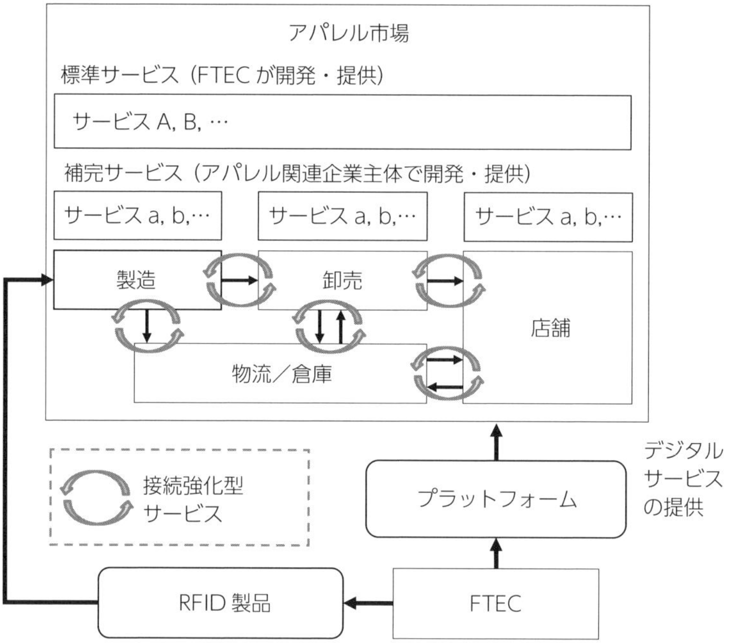

れた RFID サービスにより構成されている。これがエコシステムの参加者に共通に提供されるように、プラットフォームを設計する（全員が使用するという意味ではなく、必要に応じて使用可能にする意味である）。

②**要素 B-β**：補完サービスは、FTEC が開発したプラットフォームを導入する企業が、必要に応じて自律的に開発するものである。プラットフォーム所有者（FTEC）は、エコシステム内でイノベーションを生み出すためにこれが実行可能になるように仕組みづくりを行う。

要素 C：間接的なネットワーク効果メカニズムに基づく市場拡大戦略

もともと単一の参加者に提供されていたデジタルサービス（自己完結型サー

ビスと呼ぶ）の一部を、関連するアクターと同時にプラットフォームを活用することでより価値のあるサービスに変換できるようにする。これを「接続強化型サービス」と呼ぶ。接続強化型サービスは、間接ネットワーク効果を強化するメカニズムとして重要である。自己完結型サービスに留まるデジタルサービスの例としては、単一企業が所有する倉庫内での在庫管理サービスが挙げられる。接続強化型サービスの例としては、物流企業と小売企業間の商品の入出庫を効率化するサービスが挙げられる。また、複数の自己完結型サービスをプラットフォーム上において企業間で連携すれば、接続強化型サービスにもなり得る。

こうして、エコシステム構造設計の最初の試行を完了し、FTECの評価者に成果を提出した。その結果評価者は、エコシステム構造が少なくともデータレベルでうまく機能する証拠の提出を求めた。そのためADRプロジェクトは完了とならず、第二サイクルへと進んだ。

◆第一サイクルから得られた示唆

第一に、対象企業の過去の事業ケースと競合他社の事業ケースを最初に調査して分析することが、エコシステム構造の設計を開始するうえで容易な方法であることを認識した。これは、(a) 対象企業の競争力がある領域の理解はエコシステムの有望な立ち位置を決定するために必要であり、(b) 対象市場における標準的なビジネスパターンの理解はエコシステムにおける標準的な価値提案を定義するために役立つからである。さらにこの作業には、人件費を除いた金銭的コストがほとんど生じないため、企業がこの作業に反対し難いという利点も考えられる。

第二に、プラットフォームの普及戦略は、対象となる市場の特性とプラットフォームのコア技術がどのように市場に導入されるのかによって変わることに気づいた。今回の例でアパレル市場の特性から生産工場においてラベルタグにRFIDを導入することを決定したように、エコシステムの範囲はプラットフォームのコア技術の普及範囲に依存する。そのため、対象となる市場や技術の特性を検討したうえで、プラットフォームの普及戦略について個別に議論する必要があるだろう。

第三に、企業の評価者はエコシステム創出の実施において、多大な不確実性とリスクを認識していることを理解した。エコシステム型のビジネスの導入を提案する社内企業家は、経営陣のプロジェクトに対する懸念を払拭するための十分な証拠を、(他の形態のビジネスよりも豊富に) 提示する必要があると考えられる。

◆エコシステム構造設計の第二サイクル

FTECの評価者は、提案したエコシステム構造のさらなる検証を求めた。この段階で、手に届く範囲で取得可能なデータはすでにほぼ収集済みであり、追加の証拠を入手するためにはさらなる調査を行う必要があった。そこで、アパレル企業およびアパレル関連物流企業を対象としたアンケート調査を実施することとした。

アンケートの設計は筆者らが行い、調査票の印刷・配布・収集は株式会社帝国データバンクに委託した。帝国データバンクの企業リストからアパレル企業売上高上位4,500社とアパレル関連物流企業上位500社を抽出した。調査期間は2019年1月7日～1月21日であった。結果としてアパレル企業701社、アパレル関連物流企業115社から回答を得た。そのうち有効回答数はそれぞれ622件、43件であった。アンケートでは、商品・サービスの種類（アパレル企業：衣料品の種類、物流企業：物流サービスの種類)、事業分野（アパレル企業：小売、卸売、製造などアパレル関連の事業領域、物流会社：出荷、保管、梱包等の物流関連事業領域)、取引関係（アパレル会社：取引先のアパレル関連事業領域、物流会社：取引先の物流関連事業領域)、アパレル関連事業における主要な課題（RFIDを活用したサービスで解決可能性がある項目)、課題解決に向けたRFIDソリューション導入の現状と導入意欲、課題解決に向けた売上高に対する最大投資可能比率、RFID導入における認識している課題、RFIDの採用可能性（アパレルラベルタグの仕様決定件を持つかどうか)、といった項目をアンケートには含めた。最大投資可能比率は自由記述式とし、それ以外は選択式の設問とした。より詳細なアンケートの内容は、紙面の制限からここでは省略する（初出文献の論文には

表 8 - 2　潜在的な RFID デジタルサービスに関連する課題解決の必要性

サービスタイプ	課題	アパレル企業の割合	アパレル関連物流企業の割合
自己完結型サービス	**在庫管理の効率化**	**66%**	**63%**
	棚卸業務の効率化	**54%**	**56%**
	商品の位置管理（倉庫内）	17%	42%
	商品の位置管理（店舗内）	10%	−
	商品の位置管理（物流車両内）	−	2 %
	会計処理の効率化	24%	−
	顧客情報の有効活用	36%	44%
	従業員の就業管理	20%	42%
	業務システム間連携の改善	25%	53%
	商品の紛失、盗難、流出の防止	15%	28%
接続強化型サービス	物流の最適化	33%	53%
	商品の入出庫時の効率上昇	**40%**	**72%**
	商品の位置管理（サプライチェーン上）	5 %	14%
	人手不足	**36%**	**86%**
	ネット販売システムとの連携改善	43%	30%
	商品販売情報の有効活用	44%	44%
	サービス品質の向上	33%	72%
	顧客関係の改善	**44%**	**67%**
	取引先との連携強化	19%	42%
	新規顧客の獲得	**51%**	**58%**

注：アパレル企業・アパレル関連物流全体の平均%が50%を超えた課題をニーズが比較的高いと見なし、太字で表示している。

記載されている）。

ここでは、エコシステム構造の検討において使用された分析結果のみを要約する。**表8-2**は、アパレル関連事業における主要な課題に関する回答結果について、対応する RFID ソリューションについて、自己完結型サービスと接続強化型サービスに分けてまとめたものである。結果は、一部の項目は多くの企業から比較的高いニーズを持たれていることを示している（**表8-2**内の太字）。このような課題を解決するデジタルサービスは、プラットフォームエコシステム上で提供される、標準サービスの内容を改善するための候補として検討できる。なお、他の調査結果として、アパレル企業の68%、アパレル関連物流企業の72%がRFID導入に意欲を示した。51%（アパレル企業・アパレル関連物流企業いずれもこの数値であった）がRFIDシステムの導入を検討していると回答し、導入済みの企業はアパレル企業で6%、アパレル関連物流企業で14%にとどまっていた。RFID導入検討時に最も多く直面した障壁は「RFIDソリューションの費用対効果の欠如」であった（アパレル企業の60%、アパレル関連物流企業の64%が回答）。

表8-2に示した結果を活用して、エコシステム上の標準サービスをより具体化し、「在庫管理・棚卸・入出庫の効率化」として定義した。人手不足、顧客関係の改善、新規顧客の獲得などのニーズも高いことが確認されたが、これらは前述の標準サービスの採用により改善できると考えた。調査結果はまた、「RFIDソリューションの費用対効果の欠如」という課題をエコシステム構造の設計段階で解決する必要があることを示した。そこで、費用面での改善と効果性向上の、2つのアプローチについて検討した。結果として後者のアプローチは研究開発に追加の投資が必要であり、提案内容に高い不確実性を伴うことを認識した。そのため、前者のアプローチに焦点を当て、今回提案するエコシステム構造の特徴を活かした新規の料金体系を次のように提案した。

要素D：新規の料金体系の導入

具体的には、RFIDタグを導入した上流企業に対してRFIDシステム導入費用を割引し、RFIDタグを導入せずにデジタルサービスを利用できる非上流企業に対してデジタルサービス料金を課すというものである。これは、提案するエコシステム構造における要素Aと関連し、今回のエコシステム構造の特殊性から実現されるものである。

この料金体系の有効性を検証するために、エージェントシミュレーションの手法を用いた。シミュレーションシステムはR言語を用いて著者が独自に制作し、アンケートデータを使用して調整を行った。このシミュレーションでは、アパレル業界におけるRFIDの導入過程をシミュレートする。シミュレーション実験では、従来のRFIDビジネス形態および既存の料金体系（パターンA）の結果と、提案するエコシステムにおけるビジネス形態および新規の料金体系（パターンB）の結果とを比較する。パターンAでは、アパレルラベルタグの仕様を決定できる企業エージェントのみがRFIDシステムを導入し、デジタルサービスを利用することができる。パターンBではパターンAの状況に加えて、企業エージェントはサプライチェーンの上流からRIFDラベルタグが埋め込まれた商品を受け取ったとき、費用を支払うことでRFIDを利用したデジタルサービスを利用することができる。また、パターンBにおけるRFIDシステムの導入コストは、パターンAよりも低く設定される。具体的には、RFID導入コスト（パターンA）を1,750万円、RFID導入コスト（パターンB）を1,500万円、RFID非導入企業のデジタルの利用料を500万円と設定した。RFIDシステムおよびデジタルサービスの利用は、プラットフォームエージェントからランダムに営業されるか、企業エージェントが自らプラットフォームエージェントに連絡する２つの方法で行われる。エコシステム内の企業エージェントの参加規模が大きくなるにつれて、模倣行動の原理により後者の行動が発生する可能性が高まると設定した。エコシステムへの参加の判断はRFIDデジタルサービスの費用対効果に基づいて行われ、アンケートのデータをもとにエージェントごとに異なる判断基準を設定した。シミュレーション実験では、次の３つの評価指標を考慮した。

(a) RFIDシステムまたはデジタルサービスを導入した企業エージェントの数（市場シェアの指標）
(b) プラットフォームエージェントの売上高（FTECへの利益の指標）
(c) （プラットフォームエージェントを除く）企業エージェントの総余剰（エコシステムに参加する外部企業へのインセンティブの指標）

これ以上のシミュレーションの詳細な仕組みを理解するには、より詳しい説明が必要になるが、ここでは紙面の都合により省略する。興味がある読者の方は、初出文献を参照いただきたい。

図8-4にシミュレーションの結果を示す。結果として、パターンBではすべての評価指標の値がパターンAに比べて大きく、指標（a）は1.73倍、指標（b）は1.10倍、指標（c）は1.30倍のパフォーマンスを示した。これらの結果は、新規の料金体系を含めた提案するエコシステム構造がより大きな市場シェアを獲得し、加えてエコシステムに参加する企業にロックイン効果を生み出すことを示している。同時に、プラットフォーム企業であるFTECの利益も、ある程度増加する可能性があることを示している。このように、シミュレーション結果は、提案するエコシステム構造の有効性を示したと言える。

データ分析結果とシミュレーション結果に基づいて、図8-5に示すようにエコシステム構造を修正した。これにより、エコシステム構造設計の第二サイクルが完了し、FTECの評価者に提案を行った。その結果、提案したエコシステム構造において想定される企業の特徴と、FTECがエコシステムに取り込みたい特定のアパレル企業の特徴との間の非一貫性を指摘された。具体的には、このエコシステム構造はSPAと呼ばれる、アパレルにおける製造販売を一気通貫で行う、一部の大手アパレル企業をカバーしていない可能性がある点が問題となった。これらの企業はサプライチェーンのほとんどの領域を自社あるいは関連会社で管理しており、独特のビジネスネットワークを持っているため、仮にFTECのRFIDシステムを採用したとしても、提案するエコシステムからは切り離されたままとなることが想定された。FTECがアパレル業界のRFIDプラットフォームリーダーになることを目指していることを考えると、SPA企業はアパレル業界における無視できない市場シェアを占めているため、これらをエコシステムに含めないわけにはいかなかった。そのため、エコシステムの設計プロジェクトは完了せず、第三サイクルに進んだ。

◆第二サイクルから得られた示唆

第一に、既存企業が新たにエコシステム構造を検討することは、プラットフォーム関連製品の料金体系をより望ましいものに更新する機会を生み出す可能性があることが示唆された。これは同時に、エコシステム構造を考慮すること自体が、企業が既存の（エコシステムを考えるだけでなく）ビジネスモデルを

図8-4　シミュレーション結果

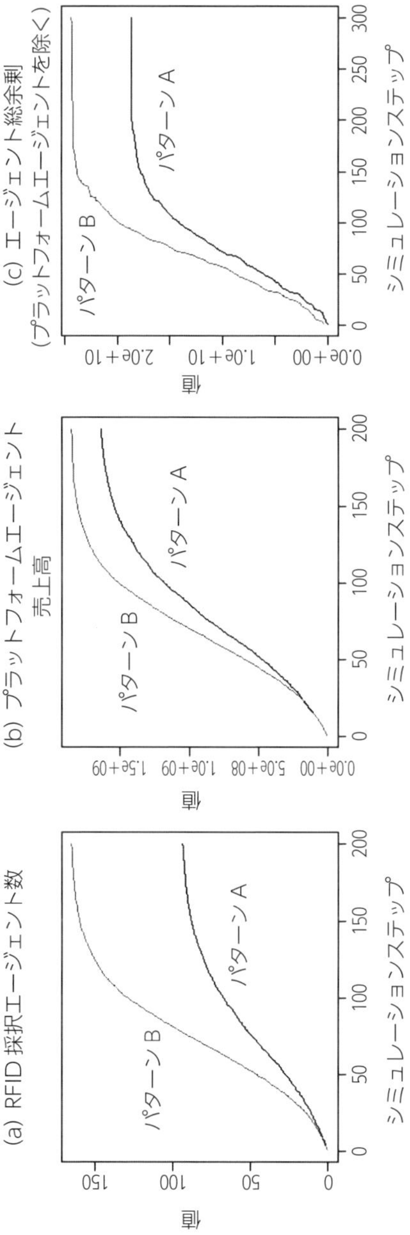

図 8 - 5　第二サイクルで設計されたエコシステム構造

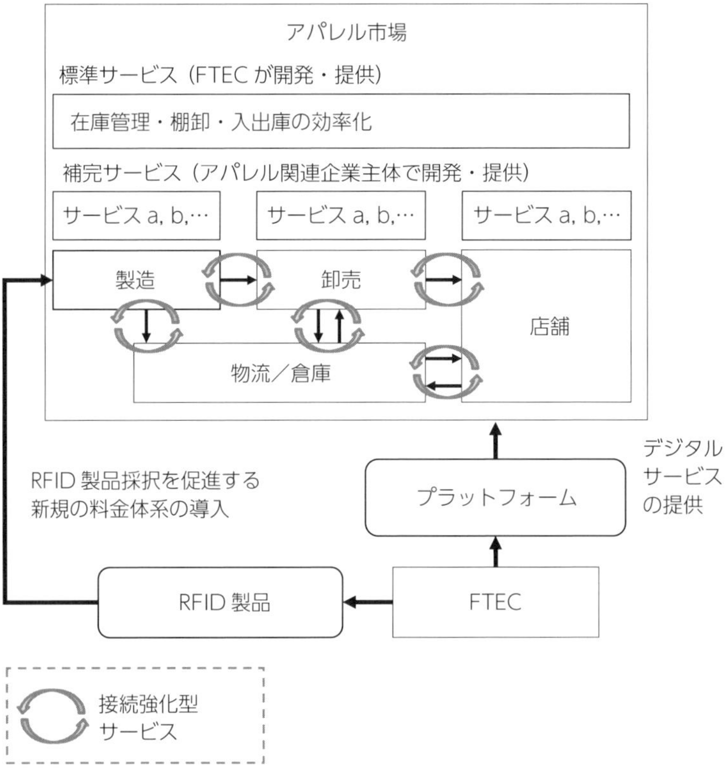

再考する機会に繋がることを示唆するものである。

第二に、過去のビジネスケースに基づいて作成したエコシステム構造は、企業の期待を満たすには不十分である可能性があることを認識した。前述のように、この方法自体はエコシステム構造の設計を始めるきっかけとして効果的である。しかし、過去のデータや情報だけでは、企業の経営陣が望む方向性でのエコシステム構造を設計するには不十分である場合もあることを理解した。したがって、企業の将来の展望を考慮してエコシステム構造を修正する必要が出てくることを学んだ。

◆エコシステム構造設計の第三サイクル

FTECの評価者は、FTECの戦略とより強く一貫性を担保した（つまりSPA企業が明確にエコシステムに含まれる）エコシステム構造の再考を求めた。これについて検討した結果、SPAを含む大手アパレル企業の顧客の多くは個人消費者であるため、提案するエコシステム構造の限界は、B2B2Bの構造から生じていることに気づいた。そこで、B2B2C（B2B2B2Cも含む）のパターンを満たすように、エコシステム構造に以下の要素を追加した。

要素G：B2B2BとB2B2Cの両方のビジネスモデルに対応する

具体的には、アパレル消費者の参加者グループをエコシステム構造に追加することとした。これにより、RFIDシステムを活用したアパレル消費者へのデジタルサービスの提供が、プラットフォーム企業・補完企業（この場合はアパレル関連企業）ともに可能となり、アパレル企業と消費者との間で二面性市場の形成が可能となった。この変更により、SPA企業はプラットフォームエコシステムの補完者として恩恵を受けることができるようになった。

この変更を行ううえで、少なくともプラットフォーム企業が提供する消費者向けのRFIDデジタルサービスについて、標準サービスの内容を決定しなければならない。これを検討するために、アパレル消費者を対象にアンケート調査を実施した。調査はクロスマーケティング株式会社にインターネットでのアンケートの実施を委託する形式で、２段階で行った。第１段階では1,000名、第２段階では2,000名の回答者を求めた。対象者は「月に１回以上アパレルショップに来店する」、「年間５万円以上のアパレル商品を購入する」という２つの条件を満たす消費者のみとした。第１段階調査は2019年10月７日から2019年10月９日まで、第２段階調査は2020年１月28日から2020年１月31日までで実施した。第２回調査では、不適格回答を除外した後、有効回答数として1,674件のデータが得られた。

第１段階の調査では、アパレル消費者からアパレルショップに対する課題

(苦情を含む) を、自由記述により回答してもらった。回答収集後、すべての回答を個別に確認し、回答内容の意味パターンに基づいて、手作業で課題の分類を行った。その後、FTEC の担当者と議論して、これらの課題の RFID デジタルサービスによる解決可能性を検討した。具体的に、RFID デジタルサービスの提供により解決あるいは軽減できると考えられた課題として、以下の13項目が特定された。

1. 不必要な接客
2. 在庫切れ
3. 品揃えが少ない
4. 店員の不在
5. 不適切な商品の推薦
6. 試着室が利用し辛い
7. 目的の商品を見つけることが難しい
8. 接客の内容や品質が不十分
9. 商品情報の入手が困難
10. 店員の商品知識が不足している
11. 誰も触っていない商品がほしい
12. 自宅または他の店舗との製品と比較することが困難
13. レジでの待ち時間が長い

それぞれの課題に対応する具体的な RFID サービスもまた定義したが、紙面の都合によりここでは省略する。興味がある方は初出文献を参照願いたい。

第２段階の調査では、第１段階の調査の結果を踏まえてアンケート項目を設計した。潜在的に RFID デジタルサービスによって解決できると想定された13の課題をリスト化して提示し、回答者は「Q1：これはあなたにとって重大な課題であることに同意するか?」、「Q2：この課題を解決することで、あなたは店舗での購買意欲が高まると思うか?」の２つについて質問された。前者の質問に対する回答は５段階のリッカート尺度（1：非常にそう思わない～5：非常にそう思う）により数値化された。後者は「変わらない」、「増える」の回答に

表 8 - 3　アパレル店舗における課題に関する探索的因子分析とアンケート結果の平均値

	因子 1	因子 2	重要性	購買増加に貢献
店員の商品知識が不足している	**0.67**	−0.08	2.90	0.38
自宅または他の店舗との製品比較が困難	**0.66**	−0.06	2.88	0.39
接客の内容や品質が不十分	**0.65**	−0.44	2.31	0.32
商品情報の入手が困難	**0.62**	0.00	3.00	0.45
目的の商品を見つけることが難しい	**0.57**	0.10	3.03	0.42
レジでの待ち時間が長い	**0.55**	−0.07	2.78	0.37
店員の不在	**0.54**	0.17	3.03	0.33
不適切な商品の推薦	**0.52**	0.18	3.09	0.36
誰も触っていない商品がほしい	**0.50**	0.04	3.00	0.44
試着室が利用し辛い	**0.49**	0.20	3.05	0.43
在庫切れ	−0.03	**0.70**	3.84	0.60
不必要な接客	−0.12	**0.65**	3.89	0.50
品揃えが少ない	0.25	**0.47**	3.34	0.52

より２値変数として数値化された。

Q1の回答について、将来的なサービス提供パターンを分析するため、探索的因子分析（プロマックス回転）を適用した。これは、13の課題に対応するすべてのデジタルサービスをプラットフォーム企業が別個に提供することは現実的ではなく、課題を集約してそれをまとめて解決できるサービスを提供することで、コスト削減を図るためである。適切な因子の数を特定するために、スクリープロットを使用して因子の固有値の変曲点を確認した（Yong & Pearce, 2013）。

表8-3に課題ごとの因子分析結果とアンケート結果の平均値を示す。結果として２つの潜在因子を抽出した。それぞれの因子を構成する課題を解釈し、因子１を「消費者が商品を購入する前に詳細な商品情報を取得し商品選びを熟考したい場合に発生する課題」、因子２を「消費者が商品購入プロセスにおける効率性を期待する場合に発生する問題」と定義した。また、アンケート結果の平均値を考慮すると、Q1・Q2とも平均して因子２の値の方が因子１のものよ

り高かった。そこで、因子２の課題を解決するデジタルサービスを、このプラットフォームにおける消費者向けの標準サービスとして定義した。これは例えば、店舗とオンライン在庫を接続して注文可能にするサービスといったものである。また、因子１に関連するサービスは、対面サービス品質の向上と商品情報の効果的な提供に関するものである。アンケートの結果に基づいて、このようなデジタルサービスの優先度は２番目とした。これにより、エコシステム構造を変更した場合の、消費者向けの詳細なデジタルサービスが特定された。

以上の検討内容を反映して、図8-6に示すようにエコシステム構造を修正した。そして、ここまでの成果をFTECの評価者に提案した。その結果、提案内容の承認を得ることができた。そのためここで、ADRプロジェクトは完了となった。

◆第三サイクルから得られた示唆

ここでは、エコシステム構造に消費者を参加者グループとして組み込むことの重要性が明らかになった。B2B2B構造とB2B2C構造の両方をエコシステムに含めることで、より広範な企業がエコシステムに参加して恩恵を受けることができるようになる。また、一部の市場においては例外があるかもしれないが、消費者は商品を購入する際に自主性を好む。したがって消費者をエコシステムに含めることは、補完者となる企業が新しいサービスを提供したり現状のサービスを改善したりした際に、それが売上に繋がり、イノベーションのための試みが実を結ぶ可能性が高まる。このように、エコシステム構造の設計においては、現状のプラットフォーム企業のビジネスがB2B形態であったとしても、消費者を加えてエコシステム構造を検討することの重要性を認識した。

8-3……エコシステムの設計プロセスの整理

ここまで記述したADRプロジェクトがたどったプロセスと、各サイクルにおいて得られた示唆を整理した。そして、以下に示すように社内企業家がプ

図8-6　第三サイクルで設計されたエコシステム構造

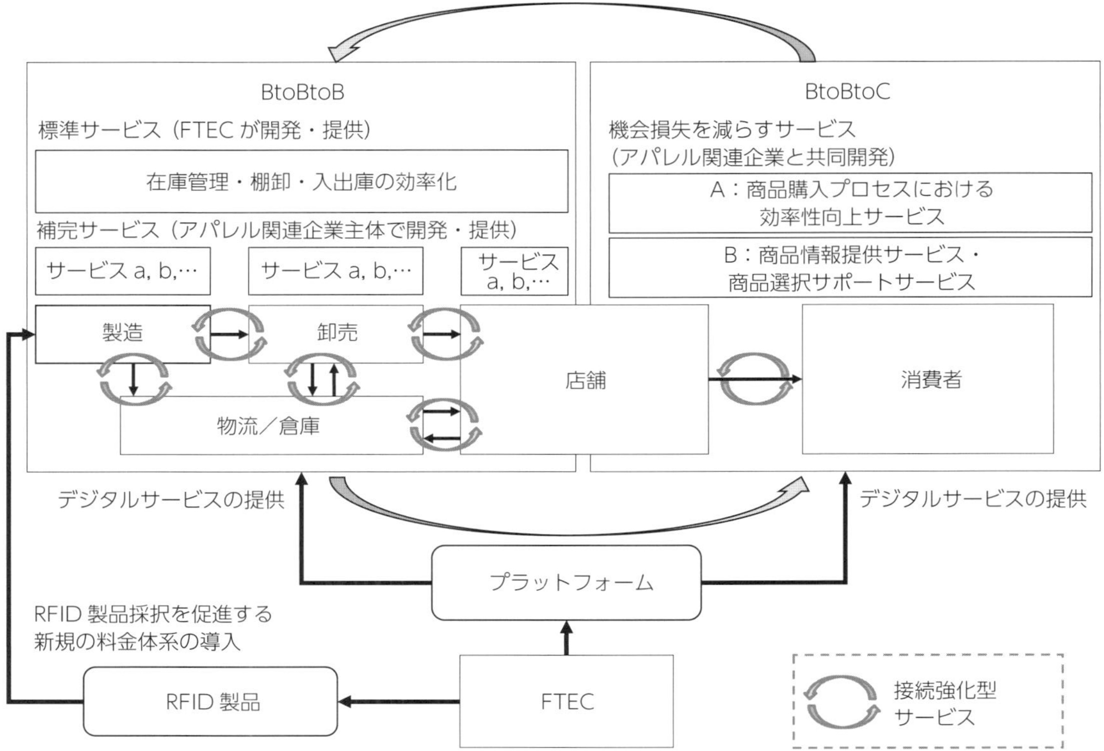

ラットフォームエコシステム構造を設計するために従うことができる一連のプロセスを提示した。

〈ステップ0〉初期のエコシステム構造を設計する

プラットフォームエコシステムの概念と、対象市場、製品、技術に関連する概念（または理論）を参照して、社内企業家は初期のエコシステム構造を設計する。ここで特に考慮すべき点は次の５つである。

・エコシステム内の参加者間の間接ネットワーク効果を駆動するメカニズムを設計する。
・補完者としての役割を果たしてくれる参加者グループを検討する。
・プラットフォーム技術をベースに補完者がイノベーションを生み出す仕組みを設計する。
・どのようにしてエコシステム内の参加者が価値を生み出し、消費するかを整理する。
・上記４つの点を達成するための前提条件や制限事項を理解する。

〈ステップ1〉過去のビジネス事例の分析

プラットフォームのコアとして使用される予定の技術について、社内企業家は自社と（潜在的な）競合他社のビジネス事例を分析する。これらの事例を理解して分類することで、プラットフォームエコシステムの標準的な価値提案として設定できる、有望なビジネスパターンを特定する。

〈ステップ2〉エコシステム構造を具体化する

社内企業家はステップ０と１の結果を組み合わせて、エコシステム構造を具体化する。その際、次の点を考慮する必要がある。

・**エコシステムに組み込まれる参加者グループの決定**

社内企業家は、エコシステムに含める少なくとも２つの参加者グループを決定する必要がある。「少なくとも２つ」はプラットフォームエコシステムの構造的な前提条件によるものである。これら2つのグループによりプラットフォーム企業が将来想定する特定の顧客をカバーできない場合には、より多くの参加者グループを検討する必要がある可能性もある。

・**プラットフォームエコシステムにおける価値提案の決定**
これは、ステップ1で分析した過去のビジネスの成功事例を参照することで定義できる。ただし、過去事例には含まれていない新しいエコシステムの参加者グループを想定している場合、社内企業家はそれらをカバーする価値提案の候補を新たに検討する。

・**プラットフォーム普及戦略の決定**
社内企業家は、体系的なプラットフォームの普及戦略を検討する必要がある。妥当な戦略は、ターゲット市場の特性とプラットフォームコアが市場に導入される方法によって異なる。検討における最優先事項は、より多くのアクターがプラットフォームのコア技術を利用できる方法を見つけることである。

・**プラットフォームの普及戦略を支える新たな料金体系の構築**
エコシステム構造の設計によってプラットフォーム技術に関連するビジネスモデルが変更された場合、社内企業家はプラットフォームの利用に関する料金体系を変更する機会を発見できる可能性がある。もしこれを見つけられれば、エコシステムの参加を促すために、既存の料金体系の改良を行う。

〈ステップ3〉エコシステム構造の妥当性の検証

提案するエコシステム構造が、確立した概念（または理論）に基づいている場合でも、企業の経営幹部やマネージャーは、その実装に大きな不確実性とリスクを感じる可能性がある。したがって社内企業家は、そのような懸念を払拭するために十分な証拠を提供する必要がある。本研究では、これを行うためのいくつかの方法を説明した（アンケートによるデータ取得、統計分析、シミュレーションなど）。ただし、企業の経営幹部のマネージャーの好みや企業文化に応じて、適切な方法は異なることが想定される。

〈ステップ4〉エコシステム構造の修正

ステップ3の後、社内企業家はエコシステム構造を修正する必要があることに気づくかもしれない。場合によっては、ステップ1または2に戻ることが必要になる場合もある。特に、設計したエコシステム構造で想定した事業戦略と、企業が想定する全社的事業戦略との齟齬が生じた場合には、それを解消する必要がある。

〈ステップ5〉設計されたエコシステム・ビジネスの提案

社内企業家はエコシステム構造の修正を繰り返し、その有効性を示す証拠を十分に集めた後に、会社の経営陣やマネージャーに提案し、事業開始の承認を得る。

8-4……考察

◆提案したプロセスの適用性

今回提案したプロセスは単一のケーススタディに基づいているため、他の将来的な事例への適用可能性について議論する必要がある。筆者らは、事例の状況や背景が本研究のADRプロジェクトと類似するにつれて、適用可能性が高まると考えている。逆に言えば、状況やコンテキストが今回の事例と大きく異なると、提案したプロセスを適用することが困難になる可能性が高くなる。ここでは、本研究の発見を適用することが難しいと考えられる2つのパターンを提示する。

第一のパターンは、経営陣がビジネスモデルの革新の必要性を感じていないケースである。今回の場合では、プロジェクトの開始時点で経営陣は現在のビジネスモデルの改善とプラットフォームエコシステムコンセプトの導入の重要性を理解していた。そのため、ADRプロジェクトに協力的であり、プロジェクトメンバーは効果的で受け入れられるエコシステム構造の提案を提示することだけを求められていた。しかし、これと状況や背景が大きく異なる場合には、経営陣はエコシステムの概念を使用してビジネスを行うことを受け入れない可能性があるだろう。エコシステムのビジネスアイデアは複雑かつ新規的なものになるため、経営陣がその重要性を理解していない場合には、プロジェクトを開始すること自体に大きな困難が伴う可能性もある。このような場合には、社内企業家は経営陣を説得するためのプロセスを追加する必要がある。

第二のパターンは、企業が自社のコア技術に基づいたプラットフォームを開発するために、多額の投資や強度の高い探索的活動が必要になる場合である。今回のプロジェクトでは、FTEC はすでに RFID 関連のデジタルプラットフォームシステムの開発を完了していた。したがって、プラットフォームエコシステムが実現するまでの潜在的な投資や探索の程度はそれほど高くないと判断されていた。一方でデジタルプラットフォームの開発を完全に一から行う必要があるとなれば、そう簡単には話が進まない可能性が高かっただろう。特に企業やその属する業界がデジタル技術から遠く離れている場合には、まずデジタルトランスフォーメーションの試みから開始しなければならない可能性もある。このような場合、社内企業家はデジタル関連ビジネスの一からの開始に関する追加のプロセスを導入する必要がある。

◆理論的インプリケーション

これまでのいくつかの研究では、プラットフォームエコシステム構築の初期段階の設計プロセスに焦点を当てているが、研究の試みは少なく、知見は十分に積み重なっていなかった（Shi, Li, & Chumnumpan, 2021）。また、先行研究は企業家やアライアンスがエコシステムを開始する状況に焦点を当てており、社内企業家の状況をカバーしてはいなかった。本研究は、ADR プロジェクトを通して、社内企業家がプラットフォームのエコシステム構造を設計するためのプロセスを示した。

ここで、企業家のケースとの比較のために Shi, Li, & Chumnumpan（2021）の研究を参照する。彼らは、プラットフォームエコシステムの設計と開発のための4つの重要な能力を提案した。この提案内容は、次の2つの点で今回の

ADR プロジェクトで得られた示唆と重複する。

①イノベーションレバレッジ（自社のイノベーション資産を特定し、それを利用してプラットフォームを開発し、補完者がさらなるイノベーションを生み出すための共有資産としてプラットフォームを設計する）。
②市場探索（設計したプラットフォームとプラットフォーム上で生成されるイノベーションに対する市場の需要を探索する）。

したがって、これらの能力は社内企業家と企業家の間で同様であると考えられる。

一方で、企業家のケースと本研究の社内企業家のケースには次の2つの違いがあることも分かった。第一に後者においては、たとえ設計プロセスが進行中であっても、イノベーションレバレッジと市場探索の方向性は、企業の戦略と一致するように適宜軌道修正できなければならない。第二に後者では、プラットフォームエコシステムの可能性を示す証拠が豊富な証拠を提供することで、認識されている不確実性を軽減させ、社内における提案の正統性を提示しなければならない。これらの違いは明らかに、企業家と社内企業家の性質と立ち位置の差異（Brenk et al., 2019; Camelo-Ordaz et al., 2012; Davis, 1999）に関連している。したがって社内企業家は、プラットフォームエコシステムの設計と開始を成功させるために、追加的な能力が必要である。それは、社内での提案の一貫性を確保する柔軟性と、提案を正当化（正統化）する適切な知識と情報を取得する能力である。これら2つの能力はこれまでの研究では言及されていなかったことを考慮して、本研究はプラットフォームエコシステムの初期設計と開発に関する研究領域を拡張するものと言える。

◆実践的インプリケーション

本研究は、確立された非プラットフォーム企業の社内企業家向けに、プラットフォームエコシステム構造を設計するために必要なプロセスを提案したものである。これらのプロセスは実務家にとって直接的に役立つ可能性がある。同時に今回の ADR プロジェクトは、プラットフォームエコシステムビジネスの検討自体が、企業のビジネスの改善に役立つことも示唆した。今回確認されたように、プラットフォームエコシステムの検討を通じて、企業は自社のビジネスの価値を再認識し、新しい価値提案を具体化し、既存の料金体系を再検討する機会を得ることができる。このように、本研究ではプラットフォームエコシステムの設計のための整理されたプロセスを提供するとともに、これを検討する利点についても明確化するものである。

第Ⅲ部　エコシステム・ビジネスの検討

概要

この第Ⅲ部では、エコシステムの概念をより深く理解するために、エコシステム・ビジネスモデルの検討に関する一連の流れを記述している。ここでの内容は、第8章で説明したADRプロジェクトで明らかになった既存企業がエコシステム構造を設計するためのプロセスを基盤として、これまでの筆者のビジネスエコシステムに関する講義内容を融合させて、構成したものである。そのため、この内容は「これまでビジネスエコシステムを構築していなかった企業や組織が、新しくエコシステムを生み出すことに取り組む」という限定的なシチュエーションを扱っている。つまり、既存のエコシステムの診断や改良といった観点には対応していない。またここでは、「エコシステムの設計」という表現がたびたび登場する。筆者が考えるエコシステムの設計の考え方は、「ある対象企業をハブ企業として、将来的に対象企業を中心としたビジネスエコシステムを生み出すことを想定し、コアやプラットフォームの機能の定義、参加者の特性の定義、参加者間の関係性を定義することで、エコシステムの概観を描写すること」と定義する。そのため、以降の内容を活用するにあたっては、**特定の企業と、その企業内の特定の事業を想定してから**、読み進めてもらいたい。

この第Ⅲ部の内容は、以下のように活用されることを想定している。

A. これからエコシステムの研究を始める研究者や大学院生が、エコシステムの概観を体感的に理解するための演習課題として活用する。この場合、ある特定の企業を題材として、エコシステムの設計を検討することで、エコシステムの概念を理解することを目指す。

B. ビジネスエコシステムについて教授する講義における、演習教材として活用する。この場合、個人あるいはグループごとに特定企業を選択させ、それぞれがエコシステムの設計を検討することを通して、主体的にエコシステムの概念を理解することを目指す。

C. 企業の実務家や大学の研究者が、所有する特定の技術や知見を用いて新たにビジネスエコシステムを生み出すうえでの、初期の検討材料として活用する。この場合、エコシステムの中心に据えたい事業や技術を具体的に想定したうえで、それを基盤としてエコシステムを生み出す過程を検討することで、エコシステムの概念の理解と、今後のエコシステム・ビジネスの具体化を目指す。

以降の章では、「エコシステムの概観の設計」、「エコシステムの基本的構造の設計」、「エコシステム・ビジネスの具体化」の3段階の順番で、エコシステム・ビジネスの検討手順を解説する。なお、前述のA、B、Cに示したように、第Ⅲ部の使用方法はいくらか想定しているが、以降では**単純化のために検討における主語を「自社」で統一している**。この部分は必要に応じて、適宜読み替えてもらいたい。

第9章　エコシステムの概観を設計する

自社を中心としたエコシステム・ビジネスを考えるうえではじめに検討することは、エコシステムの全体像、つまり概観を設計することである。ここではそれに至る一連の流れを説明する。

9-1……生み出す目的を明確にする

自社でエコシステムを生み出す目的は何だろうか？エコシステムをつくるとなると、数多くの目的が想定できるだろうし、もしかするとエコシステム・プロジェクトに参加するメンバーたちそれぞれにおいても、内に抱く目的が異なるかもしれない。以下に、考えられる代表的な目的の例を示す。

実現したい価値提案の達成

自社独自のとある価値を持っており、それをより多くの対象に届けるために、エコシステム構築を目指す。

新たな市場開拓

これまでの市場における自社の成長の限界を感じ、新たな市場を開拓することによる更なる会社の成長を意図して、エコシステム構築を目指す。

自社技術の普及

自社独自の競争力のある技術があり、それを社会に普及させることを意図して、エコシステム構築を目指す。

いずれも最終的には並行して達成可能な場合もあるが、特に初期の段階においては、最優先目的を明確にするべきである。そして、それぞれを最優先とする場合に応じて、以下のようにプロジェクトの在り方が変わってくる。

価値提案の達成を最優先とする場合

構想する価値提案を最大限成功させるために、必要十分な技術の利用と、もっとも価値提案とニーズがマッチする市場の開拓を行う。必要に応じて、技術開発の計画や市場ターゲットを変更する。

市場開拓を最優先とする場合

焦点を当てた市場を開拓するために技術開発を行い、価値提案の内容を決定する。必要に応じて技術開発の内容や価値提案を変更する。自社に未活用の技術があっても、市場の想定顧客に不適当なら使用すべきでない。また、これまでの既存顧客に提供してきた価値提案についても、必要なら見直される。

技術普及を最優先とする場合

その技術の価値が最大限になるように、市場を選択し、価値提案を定義する。必要に応じて、対象とする市場や価値提案を変更するとともに、当初想定していた技術の活用方法についても適宜変更される。

まずは上記を例にして、**エコシステムを生み出す目的を決定し、明文化しておくようにする**。これは、プロジェクトにおける最優先の目的が一貫していなければ、プロジェクトは右往左往し、達成できないまま立ち消えになってしまう恐れがあるためである。

なお、本書の以降の内容は、概ね1つ目のパターンを想定した順序で記述されている。具体的には、「自社がこれまでの顧客に提供してきた価値提案をより多くの人に届けるために、エコシステムを生み出す」という場合を想定して記述している。ただし、それ以外の目的でエコシステムを構築する場合においても、各章や節の内容は参照可能であり、またそれらの順序は入れ替え可能であることを付記しておく。

9–2……自社の強みからコアと標準的な価値提案を定義する

自社でエコシステムを構築するためには、自社をエコシステムの中心として位置付け、そのためにコア（およびプラットフォーム）を開発する必要がある。

ここでは1つの方法として自社の強み、もっと言えばコアコンピタンス（企業の競争力を形づくる中核的な能力）に基づいて、コア（とプラットフォーム）を設計するアプローチを推奨したい。これは、第8章で示した筆者らのエコシステム構造設計に関するADRの成果から導き出された知見に基づくものである(Inoue et al., 2023)。

改めてこのアプローチを取るメリットとしては、以下のようなものが挙げられる。

検討事項を減らすことができる

コアコンピタンスを活用することは、つまりそれに関連した事業がすでに成功しているはずである。つまり、その部分の価値提案の検証が済んでいるということであり、エコシステムの設計における確定可能事項の1つにすることができる。

プロジェクトの説得力を上げることができる

コアコンピタンスを活用するということは社内の成功事例を活用するということに関連する。つまり、その範囲においてすでに顧客のニーズが明確になっているため、エコシステムを開始する初期段階における成功事例をつくりやすいと言える。また、見かけ上のリスクを低減することにも繋がるため、経営陣にとっては意思決定の心理的障壁を下げることに貢献する可能性がある。

模倣困難性を向上させることができる

コアコンピタンスは模倣困難性を持つため、それに基づいてコアとプラットフォームを構築することは、競合他社がそれらを模倣することを困難にすることを意味する。それは同時にコアと補完財によって提供される価値提案の模倣困難性の担保にも繋がる。つまり、将来的にエコシステムから補完者が提供する製品・サービスによる価値提案もまた模倣されることが困難になるため、エコシステムの将来的な発展可能性と持続可能性を向上させることができる。

このように、この方法を採ることはエコシステム・プロジェクトの進行と達成において、一定の利点を提供すると考えられる。そのためまずは、**自社のコアコンピタンスに関連する製品・サービスを同定する**。これを行う方法の例は、第8章に示したものである。

◆コアコンピタンスと強く関連する要素を同定する

自社のコアコンピタンスを活用してエコシステムを構築するとき、それに関連した事業の価値提案をそのままコアとして活用することはできない。なぜなら、それはすでに製品やサービスとして完成しており、同時に価値提案としてもまた完成しているものだからである。エコシステムにおける価値提案は、ハブ企業がコアとして提供する構成要素と、補完者が補完財として提供する構成要素によって成り立つものであり、コア単独で完結するものにはならない。そのため、現在提供している製品・サービスに関する価値提案の構成要素を分解し、コアコンピタンスと強く関連している構成要素を特定する必要がある。

この手順を示す。まず前述のように、コアコンピタンスに関連すると定義した既存の製品・サービスを1つ取り上げる。このような製品・サービスに対して、それを生産して顧客が消費するまでの構成要素を、プロセスとして書き出す（なお、図9-1内では単純に一列のプロセスとして表現されているが、必ずしもこのとおりである必要はない）。これにより、価値提案のための価値の流れにしたがって構成要素が言語化される。これらを分析し、コアコンピタンスと強く関連している構成要素を特定する。この作業は、どこを自社（ハブ企業）がやる必要があり、どこを補完者に委ねてもよいかを定義するために必要である。これを行うことで、**ハブ企業となったときに自社が守らなければならない部分と、他社に任せてもいい、あるいは劣ってもいい部分を明らかにする**ことができる。この作業の一連のイメージを図9-1に示す。

◆標準的な価値提案を決定する

既存の競争力のある製品・サービスの構成要素を分解し、コアコンピタンスを体現する構成要素が特定できたら、その要素をコアとしたときに、エコシス

図９－１　価値提案の構成要素の分解

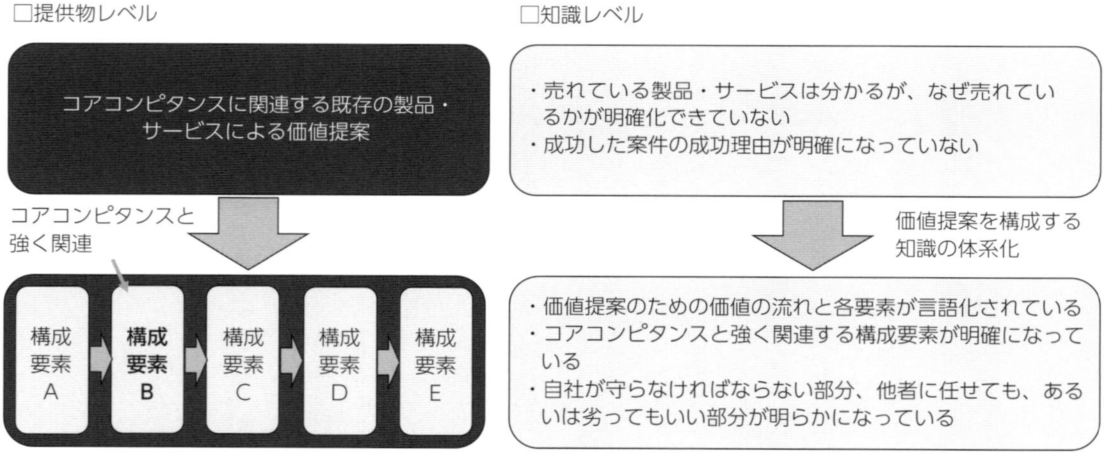

テムの中で提供される**「標準的な価値提案」は何なのかを決定**する。ここでの標準的な価値提案とは、簡単に言えば、エコシステムにおいてコアと補完財のセットとなって購買者に提供される、製品・サービスの標準的な内容と言える。

この標準的な価値提案は、これまで自社が提供してきた価値提案に類似したものでもいいし、大きく違うような内容になってもよい。例えば、図9-1においては構成要素Ｂがコアコンピタンスに関連した構成要素であるとした。そのため、標準的な価値提案に構成要素Ｂは含まれる。しかしそれ以外の構成要素は、変更または（一部を）削除しても構わない。つまり、この決定の範囲には、「この分析プロセスにおいてベースとした自社の製品・サービスと同じ種別のもの」から「コアコンピタンスを体現する構成要素を使用するが、それ以外のすべてを変更または（一部を）削除する」までの範囲があり得る。

◆コアモジュールと補完財モジュールを設計する

エコシステムの標準的な価値提案が定義できたら、コアモジュールに含める要素と、補完財モジュールに含める要素を検討する。コアモジュールはハブ企業が完全に提供するものであり、補完者は原則その生産にはかかわらないものである。補完財モジュールは逆に、基本的に補完者が単独で生産可能なものである。ただし、ここでの生産とは価値の生産までの話であり、必ずしも製品やサービスそのものの生産を補完者が単独で行えるようにする必要があるわけではない。例えばソフトウェア産業においてはコンテンツは補完者が生み出すが、そのデータを保存したディスクやカートリッジの生産は、補完者ではなくハブ企業や他の参加者が担当する場合もある。

コアモジュールには、前述の方法で特定したコアコンピタンスに強く関連する要素が含まれるようにする。また、価値提案を実現するうえで必要であるが、補完財モジュールに含めることができない構成要素は、コアモジュールに含めるようにする。そして、補完財モジュールには、価値の多様性と顧客の選好の多様性が担保される構成要素が含まれることが望ましい。誰がやっても同じ価値しか出せないような構成要素を補完財モジュールにしてしまうと、エコシステムにおけるイノベーションが生み出される余地が生まれなくなってしまうため、これを避ける必要がある。これらのイメージを図9-2に示す。

また、補完財モジュールは、1-1節で示したように、コアモジュールに対して生産と消費の関係で非 Generic となる必要がある。つまり、補完者はコアモジュールがなければ、補完財モジュール＋コアモジュールによって形成される価値提案を購買者に提供できないものである必要がある。また購買者も、コアモジュールと同時に補完財モジュールを使用しなければ価値提案を消費できないか、あるいは価値が下がるようにする必要がある。仮に補完財モジュールにある部分が既存の製品・サービスによって構成されるものであったとしても、前述の**生産・消費の非 Generic の補完性を考え、このエコシステムでしか生産・消費できない価値は何かを明確に設定**しておく必要がある。

9-3……在り方を決める

エコシステム構造の設計においてはじめにすべきことは、エコシステムの在り方を決めることである。ここではその在り方について、エコシステムの形態、目指す市場、アイデンティティの３つの観点を提示する。

◆エコシステムの形態

エコシステムの形態とは、単純に言えば以下の図9-3に示すような次の２つのパターンのいずれのエコシステムの構築を目指すか、ということである。

パターン１．市場の中心に位置する形を取るエコシステム

これは典型的なエコシステムの形であり、ハブ企業が提供するコアと補完者が提供する補完財による価値提案によって、その市場の多くの部分が簡潔するようなエコシステムである。第５章から第７章で紹介してきたテレビゲーム市場や EC 市場の「目立つ」、「分かりやすい」エコシステムは、この形態を取っている。

図 9－2　構成要素からのモジュールの設計

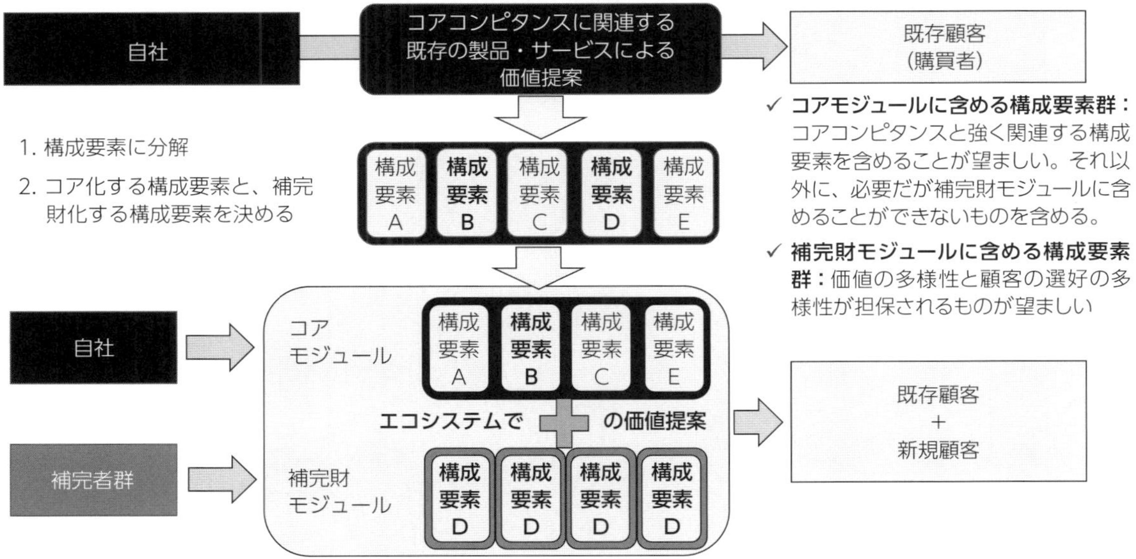

図 9-3　エコシステムの 2 種類の存在方法

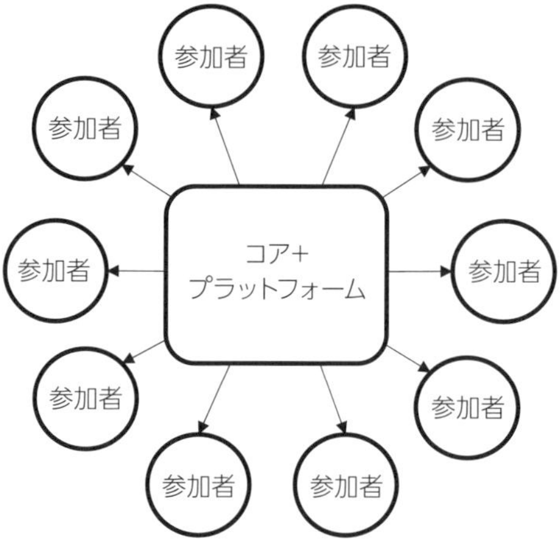

(a) 市場の中心に位置するエコシステム

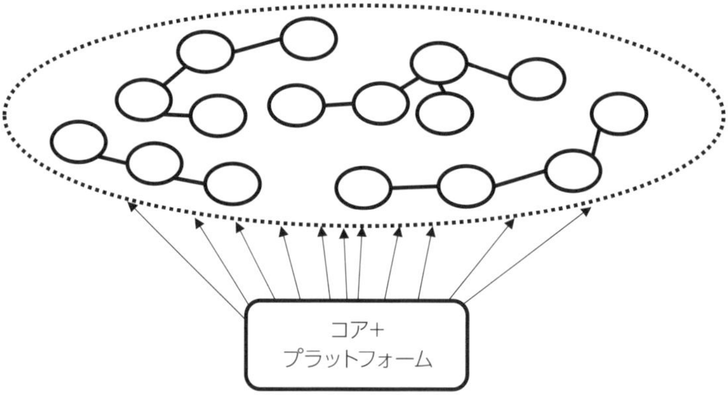

(b) 既存のビジネスネットワークをサポートするエコシステム

注：Inoue et al. (2023) の図を一部改変。

パターン 2．既存のビジネスネットワークをサポートする形を取るエコシステム

この形態は、あくまで既存の事業の裏方としてエコシステムが成り立つ仕組みを取る。エコシステムにおける価値提案は、既存の製品・サービスの価値を増強したり補完したりするものとなる。第 8 章で説明した RFID 技術を中心としたIoTエコシステムは、この形態を取っている。

この2つのパターンにおける特徴の差異はいくつか存在する。まず、パターン2の方がエコシステムの立ち上がりの初期の困難が小さい。パターン2は、初期は主にハブ企業に関連したビジネスネットワークを対象とし、すでにあるビジネスの価値を高める形となる。そのため、既存顧客へのチャネルがあり、価値提案の検証や売り込みが容易である。パターン1は市場そのものを生み出すか、既存の市場を代替する形を取り、そこで新しい価値提案を提供する形を取る。そのため、パターン2よりも初期の開拓に困難があると想定される。一方で、パターン1の方がエコシステムの自由度が高い。パターン2は既存の価値や既存のネットワークに依拠するため、新規顧客の開拓や新たな価値の創出を補完者が行う点においては自由度が比較的低くなる。そのため、革新性の点ではパターン1に軍配が上がるだろう。

なお、パターン1とパターン2は、はじめに片方を選べば、その後もずっとそれであり続ける必要は必ずしもない。例えば、エコシステムの立ち上がり時にパターン2を選択し、その後に価値提案の検証が済んでエコシステムが拡大してきた後に、価値提案のバリエーションを拡大してパターン1に移行してくこともできる。また、パターン1とパターン2が併存したエコシステムも想定できる。ただし、両方を同時に始めることは資源の分散を招いたり戦略の曖昧さを招いたりする恐れがあるため、どちらから始めるかは明確にする必要がある。

◆目指す市場とポジショニング

次に、エコシステムを展開するにあたって目指す市場を決定する。これにはいくつかのアプローチが考えられる。ここでは3つのアプローチと、それぞれのメリットとデメリットを整理する。正解はないが、ここまで検討した**エコシステムを生み出す目的や、エコシステムにおける標準的な価値提案との齟齬が生じないよう**にする必要はある。

1つ目のアプローチは、自社がこれまで対象としていた市場を中心とする方法である。メリットとしては、市場の慣習や文化をよく理解できており、チャネルも持ち合わせているため、エコシステムの有効性を検証したり、エコシステムの開始をしたりしやすいという利点が考えられる。一方で、自社の既存事業とカニバリズムを起こしたり、これまでの関係先とのコンフリクトが生じたりする可能性がある点にデメリットが想定される。

2つ目のアプローチは、想定するエコシステムの標準的な価値提案にマッチすると想定される顧客を定義して、その顧客が存在する市場を選択する方法である。このアプローチのメリットは、エコシステムの提案に一貫性を持たせやすいことである。一方でデメリットは、新規顧客を開拓することになる可能性があり、その場合に市場調査やニーズ検証を一から開始する必要が出てくることである。

3つ目のアプローチは、自社の長期戦略において提示されている、新たに拡大することが想定される市場を対象にすることである。このアプローチのメリットは、企業の戦略に合致する提案をすることになるため、企業内の他の事業との一貫性を取りやすくなると期待できることである。また、経営陣からの承認を得られる可能性が高まる期待もある。一方で、すでにその市場を獲得するための別の社内プロジェクトが動いている場合には、社内政治のメカニズムによって提案が受け入れられなくなるという潜在的リスクもあると言える。

目指す市場を決定して明文化したら、その市場における自社のポジショニングを定義する。これを行うために、エコシステムを生み出したハブ企業となった後に想定される、エコシステムレベルでの競合企業をリストアップする。そしてそれら競合に対して、エコシステムのポジショニングをどうするか、つまりどのように差別化するかを検討する。特に、その市場で競合企業の規模が大きかったり、伝統的な企業が専有しており変化が生じにくかったりするような場合においては、はじめは競争を回避するようにポジショニングする必要がある。

◆アイデンティティ

4-2節において説明したように、エコシステムはアイデンティティを持つ。ハブ企業が最初にアイデンティティのベースを提示し、補完者たちの参加とともに時間的に集合的にエコシステムアイデンティティが形成されていく。これを踏まえて、自社が提示するベースとなるアイデンティティの具体的な内容を検討する。前述のように、このアイデンティティには、スコープ（ポジショニング、市場の目的、補完財のコンテンツや独自性など）、アーキテクチャ、焦点とする顧客対象などが含まれる（Cennamo, 2021）。ここまでの内容でこれらの多くはすでに検討しているが、抜けがある対象があれば、改めて検討を行う。そのうえで、これらを一貫させて、アイデンティティとして明記する。要素間の一貫性がないことが分かれば、一貫性が出るように各要素の修正を行う。

注意点として、このアイデンティティは、エコシステムのベースとなるアイデンティティとして、補完者の参加と財の開発に大きな影響を及ぼす。また、補完者の参加後の行動によって、それが体現される場合もあれば、形骸化する場合もある。ハブ企業自社でしか実現できないような価値をこのアイデンティティに含めると、補完者がそれに寄与できずベースとなるアイデンティティは形骸化し、結果的に生まれるエコシステムアイデンティティは、別物となってしまう可能性が高まる。そのため、**このアイデンティティは自社のみでしか実現できない内容にしてはならない**。

9-4……許容する価値提案の範囲、補完者、購買者を検討する

エコシステムの在り方を決定したら、次に許容する価値提案の範囲を、補完財モジュールの観点から検討する。その後、補完者の候補を検討し、最後に購買者を検討する。図9-4はこのイメージであり、以下に詳細を説明する。この順序は絶対ではなく、検討しやすい順に変更しても構わない。

許容する価値提案の範囲とは、決定した標準的な価値提案の内容に対して、補完者の手により変更が加えられることを、どの程度まで許容するかということである。まず、9-2節で定義した補完財モジュールについて、現実的なビジネスとして企業が実施可能なものとして、どのようなパターンがあるかを検討する。例えば補完財モジュールが「ゲームソフトウェア」だったとしたときに、ゲームソフトウェアの在り方には様々なものがありうる。大別すれば、アクションゲーム、RPG ゲーム、シミュレーションゲームといった、ジャンルと

図 9－4　価値提案の範囲、補完者、購買者の検討イメージ

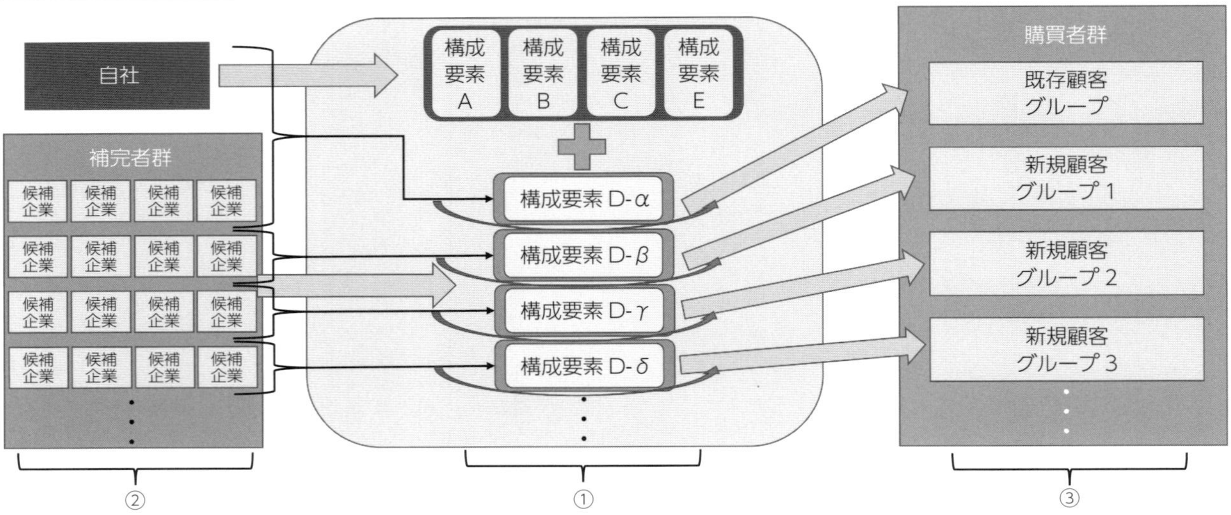

①補完財モジュールの現実的なパターンを検討
②補完者候補企業の具体名をリストアップ
③顧客グループの整理

いう形で分けることができる。このように、補完財モジュールとして事業化される予定の製品・サービスに関するカテゴリを定義する。補完財モジュールの一通りの書き出しが完了したら、9-3節で決定したエコシステムの在り方の内容を確認する。そして、**エコシステムの在り方との矛盾が生じない範囲までを、エコシステム内で許容する補完財モジュールの、そして価値提案の範囲として決定**する。

補完財モジュールの許容範囲が決まったら、改めてそれらのカテゴリを分類して明記する。そして、それぞれのカテゴリに実際に補完財を提供することに携わり、事業として実施することに興味を持つ可能性がある企業名（あるいは組織名や個人名）をリストアップする。まず、想定する補完財モジュールに類似する製品・サービスをすでに提供している企業を探索する。次に、9-3節で決めた目指す市場ですでに活動をしている企業から候補を探す。このリストアップにおいては、なるべく可能性を狭めずに、可能な限り多くの候補を検討してみることが望ましい。ただし一方で、現実感の無い候補ばかりではエコシステムの実現可能性に疑問が出てくるため、これまでの事業実績や、あるいはその企業との関係性から、エコシステムに参加してくれる可能性が高いと想定される候補を含めるようにする。

補完者候補の選定が完了したら、それに対応する想定購買者を検討する。第一に、自社および補完者候補が現在抱えている顧客は、購買者の候補となる。そのため自社と補完者候補が取引をしている顧客像を調査し、9-3節で決定した目指す市場に当てはまる範囲で書き出す。その後、類似した顧客像をまとめて、顧客グループを定義する。第二に、これらの顧客グループが、目指す市場を十分にカバーできているかを確認する。そして不足している範囲については、新たに妥当と考えられる顧客グループを設定する。最後に、購買者が企業や組織であるなら、具体的な個別の企業・組織名を追加する。

第10章 エコシステムの基本的構造を設計する

本章では、第９章で設定したエコシステムの概観に関する内容に基づいて、エコシステムの基本的構造の設計を行う。

10-1……参加者間の関係性を設定する

ハブ企業、補完者、購買者が互いにどのような関係性を持つのかを詳細に検討して設定する。また、補完者間の関係性や購買者間の関係性、またその他の重要な参加者グループとの関係性についても設定する。

◆ハブ企業と補完者との関係性

補完者は、ハブ企業が提供するコアに経済的期待をもって投資し、補完財モジュールにあたる製品・サービスをエコシステムの市場に提供することとなる。ハブ企業と補完者の関係性について、以下の内容を検討する。

チャネル

どのように補完者にリーチするかを検討する。ハブ企業の事業担当者が営業に行くのか、補完者を勧誘するためのWebサイトを整備するのか、あるいはその他の手段を用いるのか等、詳細に明文化する。

補完財開発サポート

補完者がコアに基づいて製品・サービスを開発する際に、どのようなサポートを行うかを検討する。マニュアルを整備するだけなのか、サポートデスクを用意するのか、あるいは開発コンサルティングを実施するのか等、具体的な方法を定義する。

補完財の生産とサポート

補完者がエコシステムでの製品・サービスの生産をどうするのかを検討する。それぞれの補完者が生産を管理するのか、あるいはハブ企業が生産を担うのか等を決定する。また、何らかの生産サポートを提供するのかについても考える。

支払い方法

補完者はハブ企業が提供するコアの対価をどのような手段で支払うのかを検討する。初期導入時に課金するのか、サブスクリプション形式で利用料を設定するのか、あるいは補完者の参加を促進するために無料とするのか等、具体的に設定する。

販売形態

エコシステム上での補完者の取引において、ハブ企業が販売を管理するのか、補完者が管理するのか、あるいは第三者の販売サービスを導入するのか等を検討する。

◆ハブ企業と購買者との関係性

エコシステム構造によって、ハブ企業と購買者の関係性は千差万別である。直接接点を持つ場合もあれば、ハブ企業は裏方になる場合もある。そういった関係性を、検討しておく必要がある。

購買者にとってのコアの種類

購買者にとって、コアはどういうものとして映るのかを定義する。ハードウェアなのか、PCで動作するシステムなのか、Webサイトなのか、あるいは補完者が提供する製品・サービスに埋め込まれており、一見すると分からないものなのか等、様々に考えられる中から1つを具体的に定義する。

チャネル

ハブ企業はどうやって購買者を開拓するのかを検討する。Webサイトをつくり広告を打つのか、小売店や量販店に製品を卸すのか、あるいはすべて補完者がやるためハブ企業と購買者の接点は必要ないのか等、妥当なものを設定する。

支払い方法

購買者はハブ企業が提供するコアの対価をどのような手段で支払うのかを検討する。コアが搭載されたハードウェアを別に購入するのか、仲介プラットフォームをつくって支払い機能を組み込むのか、あるいは補完者の製品・サービスの支払いの中に潜ませるのか、具体的に設定する。

顧客対応

エコシステムで何かトラブルがあった際の対応を考える。特に、その解消の役割をハブ企業が担うのか、あるいは補完者の責任だとするのかを検討して設定する。ハブ企業が担うならカスタマーサポートの設置が必要であるし、補完者の責任にするのなら規約の設定が必要である。

◆補完者と購買者との関係性

新たなエコシステムを開拓しようとするハブ企業は、自社に関する関係性に注目するあまり、補完者と購買者との関係性の検討をおざなりにするべきではない。これは、補完者と購買者間の関係性構築の失敗は、エコシステムの発展を阻害し将来的な崩壊に繋がり得るからである。そのためハブ企業は、補完者と購買者との関係性についても十分検討しておく必要がある。

チャネル

補完者は購買者をどうやって見つけるのか、また逆に購買者は補完者（が提供する製品・サービス）をどうやって見つけるのかを検討する。大別すれば、ハブ企業が仲介サービスやプラットフォームを提供するのか、または補完者自身あるいは購買者の努力に任せるのか、いずれかとなる。エコシステムを拡大するうえではハブ企業が仲介プラットフォームを用意し、このチャネルを構築することが望ましいと言える。また、既存のチャネル（例えばAmazon等のECサイト）を使用することもできる。

支払い方法

補完者と購買者はどのようにして取引を行い、金銭の支払いを行うのかについて想定する。そこにハブ企業が介入するのか、あるいは補完者の自由にさせるのか、またどのようなシステムを使用するのか等を決定する。

顧客対応

補完者が提供する製品・サービスのサポートを、補完者はどのように提供できるのかを想定する。また逆に、購買者はどのようにして補完者にサポートの問い合わせを行うことができるのかについても考える。補完者・購買者間のトラブル発生時の対応は、エコシステムの持続可能性に影響を及ぼし得る重要な要素である。そのためサポートがスムーズに行われ、購買者のエコシステム退出の要因にならないように、設計が必要である。

◆補完者間の関係性

補完者同士は基本的に競合関係になるが、場合によっては協調関係を取ることもできる。また、それが生じることを意図した仕組みをエコシステムに組み込むのはハブ企業の役割である。ここで考えるのは、どのように補完者同士の協調関係を促してエコシステムの価値を高めるかについてである。ただしこれは前述の3つの関係性とは違い必須ではなく、エコシステムの価値を高めるためにできる工夫の1つである。

違った種類の補完者間マッチング

補完財モジュールの特性によっては、補完者グループの種類は必ずしも一種類とは限らず、2つの補完者グループαと補完者グループβが、協力して製品・サービスを開発することができる場合も想定される可能性もある。このような関係性がエコシステムの中で数多く見られることが想定されるなら、それらのグループをマッチングさせる仕組みをハブ企業は用意することができ、エコシステムの拡大を促進できる。

補完財間の連携

補完財モジュールの特性によっては、補完者が提供する商品の間で連携が行われることで、商品の価値が向上するパターンがあり得る。スマートホームのIoT製品がその例であり、複数の製品が連携することで、新たなIoTサービスが使用可能になったりする。そのような場合には、商品間の連携を容易に行うことができるように、ハブ企業が標準を整備することが必要になる。

開発者コミュニティ

開発者コミュニティを用意することは、補完者間の交流を促進させるとともに補完者の開発レベルを高め、より優れた製品・サービスのエコシステムへの提供に繋がる。コミュニティに整備にコストはかかるが、負担が大きくなければ検討する価値はある。

◆購買者間の関係性

補完者間の関係性と同様に、購買者間の関係性も検討することができる。特に、SNSのようなコミュニケーションサービスを含むエコシステムの場合には、この重要度はより高くなる。そうでない場合では重要度は小さくなるが、それでもエコシステムの拡大に貢献できるメカニズムが含まれているため、検討の価値はある。

購買者同士のコミュニケーションサービス

SNSや通信サービスのような機能がエコシステムのコアや補完者が提供する製品・サービスに含まれてくる場合には、購買者同士のコミュニケーションはエコシステムの価値を決める重要な要素になる。そのような場合には、購買者が他の購買者とどのように繋がるのか、どういった場を提供するのか、どのようにしてそこに参加するのかといった点を検討して定義する。

補完財の同時利用による価値向上の仕組みづくり

補完者が提供する商品の間に連携機能がある場合、それを単一の購買者が利用する場合もあれば、複数の購買者がそれぞれ所有するものを持ち寄って連携させる場合もある。後者の連携パターンがエコシステムで重要な役割を果たす（購買者の効用に強い影響がある）場合には、購買者同士が連携できる機会を増やす仕組みや場の設計を検討することが重要になる。

購買者コミュニティ

購買者同士がエコシステムで提供される製品・サービスの感想を提供したりすることができるような、購買者コミュニティの整備も検討事項の１つである。これは購買者のエコシステムへの帰属意識を高めたり、補完者がその内容を見て新たな商品の開発に役立つための情報を獲得したりすることに役立つ可能性がある。

◆その他の重要な参加者との関係性

4-4節や第７章で説明したように、補完者と購買者以外にもエコシステムを動作させるうえで必要な参加者が存在する場合がある。例えば、エコシステム内において製品を配送する場合は物流企業や宅配企業が、製品を店舗販売する場合には小売店舗や卸売業者がこの参加者にあたる。他にもエコシステム構造によって、違った必須の参加者が登場する可能性がある。これらが存在する場合にはこれら参加者と、ハブ企業、補完者、購買者との関係性についても検討する必要がある。検討すべき内容は、補完者の項目で説明したものと基本的には同様である。

10-2……仲介の仕組みを検討する

エコシステムにおいては、ハブ企業を中心として複数の参加者を繋げるため、明示的あるいは暗黙的に、参加者間の仲介的な役割をエコシステム内のいずれかの参加者が果たすことになる。仲介の対象としては、最低限は補完者と購買者間を仲介することが必要である。10-1節で検討したように、エコシステム構造によっては、補完者同士の仲介や購買者同士の仲介をサポートする仕組みもあり得る。ここでは代表的な三種類の仲介方法について検討する。以下のそれぞれについて、今回の**エコシステム・ビジネスとの適合性を検討し、1つ（あるいは妥当なものを複数）を採用**する。

◆プラットフォームによる仲介

仲介方法としてシンプルで分かりやすいのは、仲介プラットフォームを構築して、Webサイトやスマートフォンアプリケーションとして、仲介サービスを提供することである。この場合には、補完者側がコアを利用して開発した製品・サービスを提供できる仕組みと、購買者側がそれを購入できる仕組みを搭載した仲介プラットフォームシステムを、Webサイトあるいはアプリケーションとして提供する。システム上では、購買者が自身のニーズに合致する補完財を見つけることができるように、工夫された検索システムや推薦システムの搭載が重要となる。

この仲介方法を用いる手段は、大別すると3つに集約できる。

(A) ハブ企業が新たな仲介プラットフォームをつくる

ハブ企業が、生み出したいエコシステムに特化した専用の仲介プラットフォームを一から構築する（委託での開発構築も含む）。これはプラットフォームの機能設計において自由度が高い方法であるが、チャネルの構築を一から始める必要があり、発展するまでは時間がかかるというデメリットも生じる。

(B) ハブ企業がすでに持っている仲介プラットフォームを活用する

ハブ企業がこれまでに自社で開発して使用していたプラットフォームを、今回検討するエコシステムに転用する。例えば、既存の自社販売サイトのシステムを一部改修して、エコシステムにおいても使用できるようにするといった方法がある。

(C) 既存の他社プラットフォームを利用する

この方法では、Amazonや楽天などの既存の大規模プラットフォームを利用して、エコシステムにおける仲介を代替してもらう。これは単純に、エコシステム内の製品・サービスをこれらのプラットフォーム上に出品することを意味する。この方法を用いると、既存のプラットフォームが確立している大規模なインストールベース（プラットフォームを利用している購買者）にアクセスできるため、エコシステムを早期に拡大しやすくなるという利点がある。一方で、プラットフォームの利用料を徴収されるため、取引あたりの収益性が低下するという欠点がある。またそのプラットフォームを管理する企業の一存で、エコシステムが突如として存続不可能になる危険性もあるため、そのあたりのリスク管理が必要になる。

◆販売店舗による仲介

エコシステムにおいて提供される財が製品の形を取る場合には、販売店舗のような物理的環境による仲介方法を採ることもできる。これには例えば、補完者が提供した製品を販売する小売店舗を設置したり、補完者が商品を販売できるように既存の販売店舗へのチャネルを繋いだりといった対応ができる。販売店舗による仲介を行う場合には、仲介プラットフォームを実装する場合と同様に、購買者が補完財として提供される製品の内容を理解でき、自身のニーズに合致するものを購買できるような工夫が必要である。テレビゲーム販売店をイメージしてもらえれば、分かりやすいだろう。補完財であるゲームソフトの商品そのものには、パッケージにそのゲームの内容が分かるような、視覚的な説明が表示されている。しかし、それが乱雑に配置されていては、購買者は自分の好みのゲームを見つけることは難しい。そのため一般的にテレビゲームの販売店は、ゲームソフトをジャンル別に陳列し、また売れ筋のソフトウェアはコメントを付けて強調したりすることで、ゲームプレイヤーが自身の好みのゲームを探して手に取り、購買しやすいように工夫している。仮にハブ企業が自身で販売店舗を管理するのではれば、エコシステムにおける補完者の持続可能性を高めるために、こういった工夫を検討する必要がある。

◆仲介者による仲介

エコシステムで提供される財がサービスの場合には、仲介者を用いる方法が有効となり得る。また財が製品の場合においても、その製品が関連する価値提案が斬新で、口頭での説明が重要な役割を果たす場合には、この方法が適切な場合もある。この方法においては、購買者と販売者が直接面談する場を設け、販売促進活動を行う。販売者はハブ企業が自ら派遣する場合もあれば、補完者あるいは業務委託企業の場合もあり得る。具体的なイメージとしては家電量販店における販売員、結婚式場探しの相談カウンター、保険の相談窓口といったものである。これらの場合、個々の製品・サービスが高価で、同時に販売者と購買者の間の情報の非対称性が大きいことから、口頭での説明が販売において重要な役割を果たすことになる。

10-3……参加者間の繋がりを構造化する

ここまでで、エコシステムに関する参加者の属勢やそれぞれの関係性といった、個別の要素を検討してきた。ここからはそれらを統合して、1つのエコシステム構造として一貫させる作業を行う。まず、エコシステムにおける参加者間の関係性を図示する。図示する過程においては、以下の部分を意識しながら作業を行う。

- **エコシステム内における相互作用の関係性に矛盾が無いかを確認する。**
- **自社および補完者候補の既存のビジネスと、購買者との関係性の変化を確認する。**
- **消費側の補完性が非 generic かを再度確認する。つまり、エコシステムに参加することではじめて購入・消費ができる価値が生み出されているかを確認する。**

関係性の図示の例を図10-1に示す。ここでは比較のために、従来の関係性とエコシステムにおける関係性の2つを示している。まず、図10-1(a)に示した従来の関係性の場合においては、自社と補完者候補企業は現状、それぞれの顧客に対してある種の製品を特定の販売経路によって提供している。それぞれの顧客である購買者グループは、特定の手段でその製品の情報を得て、ある場所でそれを購入している。これを、ある想定するエコシステムの形に変更することで、図10-1(b)のイメージのようになる。自社はエコシステムのハブ企業となり、コアとプラットフォームを提供する。自社は補完者に対して、価値提案の一部となるコアと、それを用いて補完財を開発するための開発環境を提供する。同時に、エコシステムの中で生み出された製品を購買者にリーチできる場として、プラットフォームを提供する。補完者はエコシステムのコアを使用して製品を生産し、また費用を支払ってプラットフォームに製品を展示する。なお、対象企業は社内で補完財開発部門を用意し、補完者としても振る舞う。自社は購買者に対して、ここでしか買えない製品が展示されているプラットフォームを提供する。購買者は費用を払ってプラットフォームを利用する。最後に、補完者は購買者に対して、プラットフォームを介してこれまで対象外だった消費者にも製品を販売することができる。

このように、参加者間の関係性の変化を一目で確認できる図をつくることで、既存の構造とエコシステム化した場合の構造の差異を視覚的に確認する。また、作成に際して、特定の参加者同士で矢印が繋がっていないことに気付くことで、関係性の検討において見落としがあったことに自覚したりする機会を得ることができる。なお、この図はあくまでエコシステムの形態の一例であり、このとおりに書かなければいけないというわけではない点を注記しておく。

10-4……生産・流通・販売プロセスを構造化する

エコシステムにおける参加者の関係性を構造化できたら、次にエコシステムにおける生産・流通・販売プロセスの構造化に取り掛かる。ここでも図示を行う。図示する過程においては、以下の部分を意識しながら作業を行う。

図10-1 エコシステムにおける関係性の図示イメージ

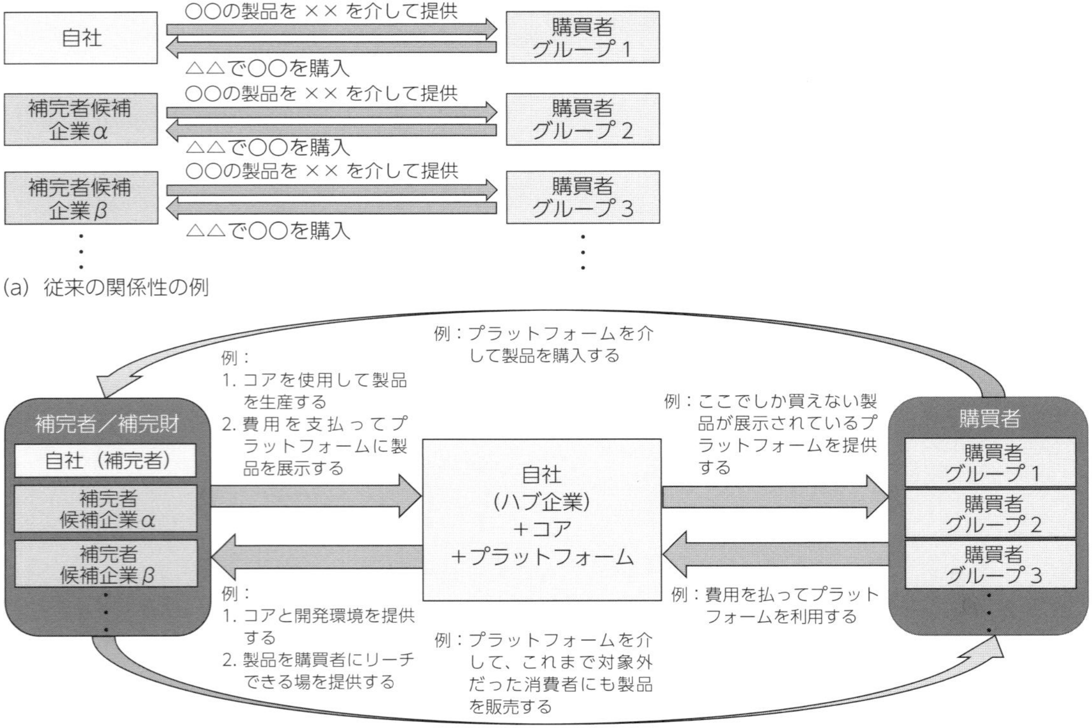

(a) 従来の関係性の例

(b) エコシステムにおける関係性の例

- **エコシステムレベルでの生産・流通・販売プロセスに矛盾が無いかを確認する。**
- **自社および補完者候補の既存のビジネスとの、プロセスの相違を確認する。**
- **生産側の補完性が非 generic かについて、再度確認する。つまり、エコシステムに参加することではじめて生産できる価値が生み出されているかを確認する。**

生産・流通・販売プロセスの図示の例を以下の図10-2に示す。図10-1と同様に、まずは従来のプロセスを図10-2(a) に図示する。ここでは、図10-1で示した関係性の内容をより細かくしたようなものになっている。自社はある製品について設計・企画を行い、その構成要素はいくつかに分かれている。そして自社設備でその製品を生産し、関連会社に物流を委託し、最終的には店舗販売を企業に委託する。補完者候補企業も同様のプロセスで、生産・流通・販売を行っている。これを、エコシステムの形に変更することで、図10-2(b) のイメージのような形となる。自社はハブ企業としてコアモジュールを設計・企画し、補完者は補完財モジュールを設計・企画する。このエコシステムにおいては、補完者は以降の生産・流通・販売プロセスには携わらなくなる。以降の生産、流通、販売は、自社が設備や関係性を活用して行う。また、自社は新たに仲介プラットフォームを提供することで、これまでの販路に加えて、新たな販路を用意することになる。また、図10-2(b) の方に薄い色で示されている補完者の既存の事業をどのように位置づけるかは、重要な論点になる。補完者が従来のプロセスにおいて、仮に生産以降のプロセスを負担に感じていたのなら、それらを補完者の企業内プロセスから廃止してしまい、エコシステム内でカバーされる前提で構造化すべきである。一方でそうでないなら、それらを廃止する設計は補完者には受け入れ難くなるため、エコシステムのプロセスと補完者内のプロセスとが併存できるように設計を検討すべきということになる。

このように、生産・流通・販売プロセスを図示することで、これまでのプロセスとエコシステム化した場合のプロセスを比較して検討し、その一貫性を確認する。

図10-2　エコシステムにおける価値の流れの図示の例

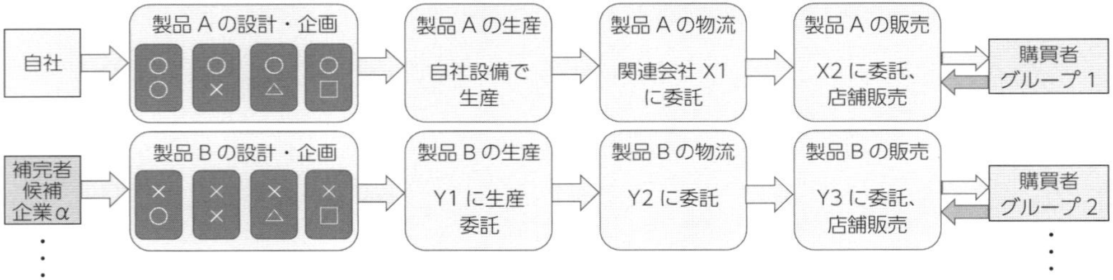

(a) 従来の生産・流通・販売プロセスの例

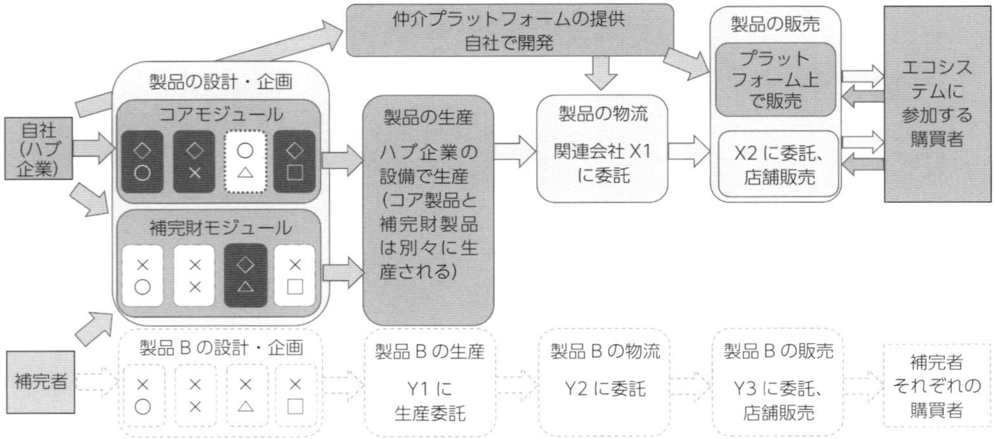

(b) エコシステムにおける生産・流通・販売プロセスの例

第11章 エコシステム・ビジネスを具体化する

ここまでの内容でエコシステム構造を作成してきた。最後にエコシステムにおけるビジネス内容やマネジメント項目を具体化し、エコシステム・ビジネスの設計を完成させる。

11-1……ガバナンスを設計する

ハブ企業が望む方向にエコシステムを導き、発展・持続させていくためのエコシステムのガバナンスに関する事柄を検討する。ここでは具体的に、以下の3点について考える。

補完者のエコシステムへの参加のガバナンス

補完者のエコシステムへの参加、つまりコアとプラットフォームの利用は可能ならなるべくオープンに、あるいは簡易的な契約にて利用可能とすることが望ましい。これは、イノベーションは事前に想定はしていても、予測できるものではないこと、そしてより多くの経営資源やコアコンピタンスを持つ補完者が参加することは、エコシステムにおけるイノベーションの発生可能性を高めるためである。したがって、なるべく多くの補完者がエコシステムに参加し、試行錯誤できる環境を用意することが望ましい。一方で、参加を無制限にすることは、開発能力が過度に低い補完者や、また倫理感に問題がある補完者が参加してくる可能性がある。低品質の補完財がエコシステムに溢れることは、購買者によるエコシステムへの信頼性の低下を招き、場合によってはエコシステムの崩壊を招くことに繋がる。そのため、補完者の審査機能や、問題を起こした補完者を除外する体系的なシステムの用意もまた必要になる。

補完財のカテゴリのガバナンス

ここまでの検討において補完財のカテゴリの事前想定が完了しているはずである。このカテゴリにおいて、2つの観点からガバナンスを検討する必要がある。1つ目は、**カテゴリにおけるバランス**である。仮にA、B、C、Dの4つのカテゴリがあり、A、B、Cのカテゴリは既存のもので、Dがこのエコシステム独自のものであったとする。補完者は自律的にエコシステムに参加し、自律的に財の開発を行うため、何もせずにただ委ねていては、場合によってはカテゴリDの財はほとんど提供されずに、A、B、Cの財ばかりが提供されてしまうかもしれない。このようになってしまうと、想定したエコシステム創出戦略とは異なる結果になり、またエコシステムは他の競合するエコシステムと同質化し、その競争力を失ってしまうことにも繋がりかねない。そのため期待するカテゴリ間のバランスがある場合には、それが実現されるように、補完者への開発面や金銭面でのサポートや投資を行う必要がある。２つ日は、**新たなカテゴリの発生**である。エコシステムにおける補完者の活動は往々にしてハブ企業の想定を超え、新たなカテゴリの創出が補完者群によって自発的に行われる。これはイノベーションの創出と市場の拡大に寄与し、本来はハブ企業にとっては好ましいことではある。しかしなかにはエコシステムの健全性を損なうカテゴリの開発も行われてしまう。例えば、YouTubeでの視聴者を詐欺に誘ったりマルチ商法に勧誘したりする動画カテゴリは、ハブ企業（YouTubeないしAlphabet）にとっては収益にはなるが、健全なエコシステムの拡大ではないだろう。好ましいカテゴリの発展を事前に想定することは難しいが、望ましくない方向性の検討はしようがある。そのため、望ましくないカテゴリの出現について事前に想定し、対応策を用意しておく。

補完財の内容のガバナンス

9-3節で検討したエコシステムアイデンティティを守るために、ハブ企業は補完財モジュールの内容に関して、補完者をガバナンスする必要がある。そのための方策をここで検討する。第一のポイントは、内容をどこまでチェックするのかを決めることである。ゲームの例を挙げれば、チェック後の軌道修正が容易な順で①ゲームのタイトル、②企画、③デモ（プロトタイプ）、④アルファ版、⑤ベータ版、⑥完成版のゲームコンテンツ、と並べることができる。後ろにいくほど、アイデンティティとの合致をより詳しく確認できるが、確認には時間がかかり補完財の内容の修正が困難になるため、ハブ企業と補完者の両方にとってコストが高くなる。補完者が想定していない状況での補完財モジュールの差し止めは補完者の離脱を招くため、**内容のチェックに関して体系的かつ**

明確な方針を、ハブ企業は提示する必要がある。第二のポイントは、アイデンティティの逸脱をどこまで許すのか、ということである。例えば、「子供同士や家族同士で楽しく和気あいあいとしたゲーム体験が可能なこと」を想定するエコシステムのアイデンティティに置くとき、これをどこまで逸脱するゲームなら許せるかを具体的に考える。このアイデンティティを要素分解すると、①子供同士か家族同士で遊ぶ、②楽しく和気あいあいとしたゲーム性、の２つの要素がある。この場合、①に従わずに大人向けのゲームでもいいのか、②に従わずに殺伐としたゲームでもいいのか、といった点をどうするかを検討する。エコシステムアイデンティティに沿うように幅を狭めすぎればイノベーションが抑制され、補完者同士の競争が過度に熾烈なものになる恐れがある。一方で緩めすぎれば、エコシステムアイデンティティが希薄化するか消失してしまう。そのため、両方に寄り過ぎない、適度ないずれかの範囲を選択することになる。

11-2……生み出される製品、サービス、プラットフォームを具体化する

ここまでの作業で、エコシステムにおける財やプラットフォームに関する概念的な機能を定義してきた。ここではより具体的に、現実レベルでどのような製品・サービスがエコシステムで生み出されるのか、そしてプラットフォームはどのような機能を持つのかを整理する。

コアモジュールの在り方

コアモジュールが、補完者と購買者にどのような形で提供されるかを具体的に検討する。補完者にとってコアモジュールは、開発環境なのか、何かのソフトウェアなのか、物理的に存在する生産設備のようなものなのか、あるいは何かの特定の技術を提供するサービスなのか、ノウハウのようなものなのか。また、購買者にとっては、ハードウェアに内蔵されているのか、組み換えができる製品なのか、サービスの中に含まれて見えないものなのか。これらを具体的に定義する。

補完財モジュールの在り方

補完財モジュールが、具体的にどのような製品・サービスとして販売され、購買者が購入することができるのかを明示する。ソフトウェアなのか、Webサービスなのか、スマートフォンアプリケーションなのか、製品なのか、あるいは労働集約型サービスなのか、具体的に定義する。また、補完財のカテゴリによって提供される製品・サービスが異なる場合には、それらを考慮して整理しておく。

プラットフォームの在り方（該当する場合）

プラットフォームが、現実にどのように現れるのかを定義する。ハードウェアなのか、Webサイトなのか、スマートフォンアプリケーションなのか、あるいは販売店舗や仲介サービスを物理的に運営するのか、具体的なイメージを考える。

これらの検討が完了したら、それぞれの具体的なイメージ図を用意した後、エコシステム構造の中にそれらを統合して図示する。以下の図11-1は、テレビゲームのエコシステムに関する例のイメージである。この例を簡単に説明する。コアモジュールはゲームの処理機器であり補完者には開発環境とともに提供される。購買者にはハードウェアに内蔵した状態で提供される。補完財モジュールはゲームソフトウェアであり、4つのカテゴリA、B、C、Dに分けられる。自社はプラットフォームとして、ハードウェアと自社管理のオンラインゲームダウンロードWebサイトを提供する。補完者と購買者は、このWebサイトと、外部企業が運営する小売・販売店を経由して、取引を行うことができる。このように、実際の製品・サービス提供イメージの形でエコシステム構造を示すことで、エコシステムが実現した際のイメージを具体化する。

なお、この図11-1におけるそれぞれのイメージ図は、フリー素材を用いている。しかし、実際の写真が活用できたり、自分たちで作図ができたりするならば、その方が提案に具体性を持たせるため、望ましいと考える。

図11-1　製品・サービス、およびプラットフォームの在り方の図示のイメージ

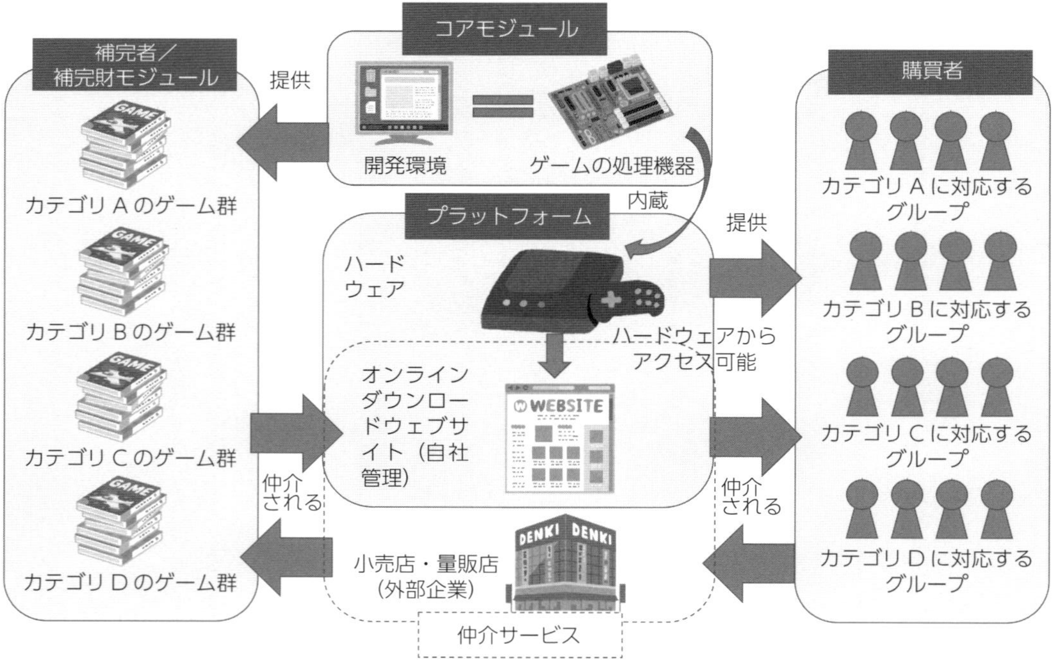

11-3……プライシングを考える

ここまでの作業でエコシステム構造が固まったら、自社のエコシステムにおける収益化のためのプライシング体系を考える。ハブ企業は、コア（およびプラットフォーム）の利用に課金することで、収益化を行う。その課金の方法は、大別して定額型と使用型の２種類がある。まずそれぞれについて、以下のように説明を提供する。

定額型の課金の特徴

定額型の課金は、コアの導入時や、ある一定期間ごとに課金する方法である。例えば、補完者に対しては、コアの利用契約時に使用料を請求したり、エコシステム内での開発キットの販売量や貸与量を請求したりすることができる。購買者に対しては、コアの導入費（例えばハードウェアの購入料金）や、コアの利用に関する会費（例えば利用会員の年会費）という形で請求することができる。

使用型の課金の特徴

使用型の課金は、コアの利用時や、エコシステム内での取引成立時に課金する方法である。補完者に対しては、エコシステム内での製品・サービスの発売時にコアの使用料や製品・サービスの審査料という形で課金したりすることができる。また、製品・サービスの売買が成立するたびに、仲介手数料という形で成立金額の一定割合を請求することもできる。購買者に対しても同様に、取引時の金額に仲介手数料を上乗せすることで、課金することができる。

これらを踏まえて、具体的な補完者と購買者へのプライシングを設定する。ここではいくつかの注意点がある。

第一に、**購買者と消費者に、多くを請求しすぎない**ことである。定額型なら定額型だけ、使用型なら使用型だけとし、課金の方法は１種類だけにすべきである。これは、課金額の高さは、エコシステムの発展可能性および持続可能性とのトレードオフになるからである。例えば、ハブ企業があるハードウェアを提供するとして、それの購入費を有料として、かつ利用単位の料金も取るような状況は望ましくない。エコシステムを維持するうえでハブ企業の収益化は必要不可欠ではあるが、補完者と購買者が得をするということもまた必要不可欠である。基本的には補完者と購買者への課金額が少ない方が、エコシステムは発展しやすくなる。

第二に、プライシングの検討においては、**これまでの既存市場や（なければ）類似する市場を参考に**すべきである。これは、それまでに決まっている価格は、市場の中で決められた適正価格であると判断できるからである。その価格を（特に高価格になる方向で）逸脱することは、特に購買者が購入する意欲を失い、エコシステムの発展に悪影響を及ぼす可能性があるため、避けるべきである。

第三に、補完者と購買者で二面性市場（あるいは多面性市場）を取る場合には、**片方のグループから多めに課金し、もう片方からはあまり課金しないという設定が可能**になる。さらに、一部のグループに負の方向の課金、つまり援助金やインセンティブを提供することもできる。例えば宿泊仲介プラットフォームにおいては、「５％相当のポイントの付与」や「10回泊まると１回無料」といったインセンティブが、購買者側に設定されている。これは、市場に参加する需要弾力性（価格の変化による需要の変化の程度）が宿泊施設側より購買者の方が強く、こういった価格設定がプラットフォームの競争力を高めるためである（Inoue, Takenaka, & Kurumatani, 2019）。この需要弾力性の程度が低い方に相対的に高い料金を設定することをラムゼイ価格という。参加者グループそれぞれの需要弾力性の程度は事前に推定することはできないかもしれないが、これは既存の市場における価格設定を参考にすることで、補完者と購買者どちらが優位性を持つのか、おおまかに把握することはできる（要するに、既存の価格設定を真似することが有効である）。また、需要弾力性が高い側にインセンティブを与えるあまり、低い側から搾取しすぎないように注意する必要もある。

第四に、**望ましい価格設定の方法は、時間とともに変化する**かもしれない。これは、エコシステムの価値が補完者と購買者の参加規模によって時間的に変化することと、参加者のエコシステムへの依存度が変化することに起因する。端的に言えば、あまりエコシステムを利用していない状態の参加者は使用型の課金が望ましく、逆に利用回数が多い参加者は定額型の課金が望ましい。これはハブ企業の収益化の面では逆が望ましくなるが、購買者の効用を高めてエコシステムを維持・拡大するうえでは、こちらの方が望ましいという意味である。例えばYouTubeにおいては、基本的には動画の視聴ごとに広告が展開され、ユーザはそこに時間という形で視聴の対価を支払っている。しかし、YouTubeで動画を多く見るユーザにとっては、広告に支払う時間の総量が無視できない規模になってくる。その場合には、YouTubeプレミアムという定額サービスに加入することで、広告を消去することができる。こういったユーザの割合は、エコシステムの発展とともに増加してくると想定される。このように、適切な価格設定はそれぞれの参加者ごとに変化するということを意識して、いくらかの課金体系を用意しておくことも重要である。例えば初期は使用型にするが、成熟期に差し掛かると定額型に移行できるようにしておくことは、エコシステムの発展をサポートすると考えられる。

11-4……発生するビジネスモデルの変化を検討する

エコシステムを構築に伴って、ハブ企業と補完者には大なり小なりのビジネスモデルの変化が必要になる。すべての補完者を考慮することは難しいとしても、想定される主要な補完者像のビジネスモデルの変化は検討しておくべきである。そして、その変化が実現可能か、ハブ企業である自社や補完者にとってエコシステムの参加に投資するのに見合うものであるかを、検討する必要がある。仮に、見合うものでなければ、前に戻ってエコシステム構造を変更する必要が出てくる。

ビジネスモデルの変化を確認する1つの方法は、ビジネスモデルキャンバス（BMC）を作成することである。BMCは図11-2のように、9つのセルからなり、ビジネスモデルを構成する要素をそれぞれ書き出すことで、ビジネスモデルの全体像を可視化するものである。BMCは有名なツールであり、関連書籍も多くあり、インターネット検索により十分な情報を得ることができる。そのため、ここでは概要と記入方法を図中で説明するのみに留めておく。

図11-2　ビジネスモデルキャンバスの概要

<table>
<tr><th colspan="2">主なパートナー</th><th colspan="2">主な活動</th><th colspan="2">価値提案</th><th colspan="2">顧客との関係</th><th colspan="2">顧客セグメント</th></tr>
<tr><td colspan="2" rowspan="3">提携先を記入する。</td><td colspan="2">事業において必要な活動を記入する。</td><td colspan="2" rowspan="3">顧客に提供する価値提案の内容を記入する。</td><td colspan="2">自社と顧客との関係性を記入する。</td><td colspan="2" rowspan="3">主にターゲットとする顧客の詳細を記入する。</td></tr>
<tr><th colspan="2">主なリソース</th><th colspan="2">チャネル</th></tr>
<tr><td colspan="2">事業活動のために必要な資源を記入する。</td><td colspan="2">顧客に価値を提供するための経路を記入する。</td></tr>
<tr><th colspan="5">コスト構造</th><th colspan="5">収益の流れ</th></tr>
<tr><td colspan="5">生じるコストを整理する。</td><td colspan="5">獲得できる収益とその流れを整理する。</td></tr>
</table>

◆ハブ企業のビジネスモデルの変化を確認する

本書の方針においては、ハブ企業はそれまでの自社の成功しているビジネスに基づいて、エコシステムを構築することを想定している。そのため、エコシステムに関するビジネスモデルは、既存のビジネスモデルと比較可能できるはずである。以下の図11-3に、従来のビジネスモデルからエコシステムの実現で変化するビジネスモデルへの遷移のイメージを示す。ここでは、自社においては３つのBMCを作成する。つまり、現在のビジネスモデルに関して１つ、新規のビジネスモデルに関して補完者を顧客対象としたもので１つ、そして消費者を顧客対象としたもので１つである。エコシステムに関するBMCは１つで良いのではと感じるかもしれないが、BMCの構成要素の多くは補完者と購買者で異なることが想定されるため、無理に１つにまとめず別々に作成する方が、差異が明確になって好ましいと考える。

３つのBMCを作成したら、既存ビジネスのBMCと、エコシステム化した場合のBMCを比較し、変化する部分に色を付けるなどして、違いが分かるようにする。この部分は、今後ハブ企業にとって変化させるための何らかの活動や投資が必要な部分となる。このようにして、ハブ企業として新たにエコシステムの構築を開始するために必要な活動を、リストアップすることができる。

図11-3　ビジネスモデルの変化

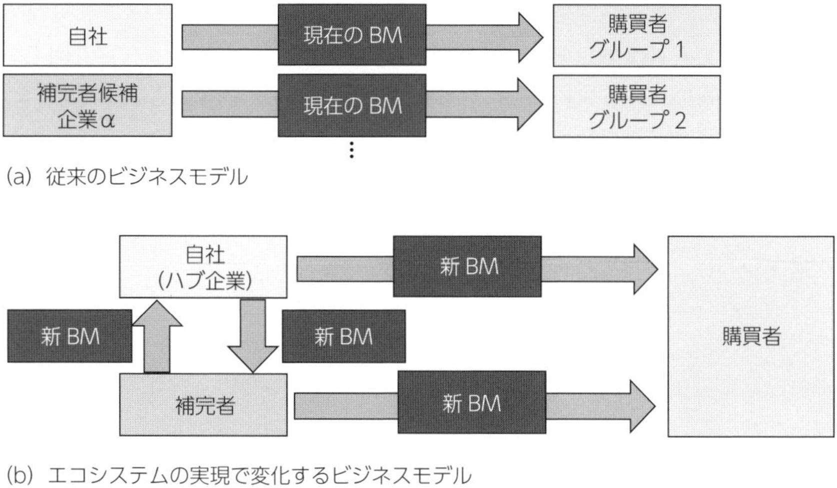

(a) 従来のビジネスモデル

(b) エコシステムの実現で変化するビジネスモデル

◆補完者のビジネスモデルの変化を確認する

図11-3に示したように、ハブ企業の場合と同様に、補完者もまた、「それまでの補完者のビジネスモデル」と「エコシステムに参加した場合の補完者のビジネスモデル」の二種類のBMCを作成して、比較できるようにする。ただし、想定する補完者全員のものを書くことはおそらく時間コスト的に困難である。そのため、補完者を事業形態が異なるグループに分け、それぞれの代表的な企業をピックアップして、BMCの作成を検討する。ここでは前述のハブ企業の場合と同様に、3つのBMCを作成する。補完者の従来のBMC、補完者がハブ企業を顧客とした場合のBMC（エコシステムの形態によっては存在しない場合もある）、補完者が購買者を顧客とした場合のBMCの、計3つである。ここでも前述と同様に、エコシステムの実現前後で変更する部分をハイライトして違いが分かるようにし、変化する項目と、そのために補完者が従事しなければならない活動を整理してリストアップする。

各グループのBMCを作成したら、「コスト構造」と「収益の流れ」の部分を確認し、既存のビジネスモデルと新規のビジネスモデルの間の収益性の変化を、それぞれのグループで確認する。**収益性が既存のビジネスモデルより高くなければ補完者はエコシステムに参加しないと想定されるため、収益性向上が示されていないグループに関してはその理由を分析し、向上できるようにエコシステム構造の修正を行う**。あるいは、そのグループがエコシステムに参加しなくても問題無いのであれば、想定する補完者グループから除外する選択肢もある。

従来のBMCとエコシステム参加後のBMCとの差異が大きければ大きいほど、補完者はエコシステムに参加することが難しくなる可能性が高いと言える。差異の中には、補完者が簡単に対処できる変化もあれば、ハブ企業が対処しなければ補完者単独では対処が困難な変化もある。そのため、個別の変化項目について補完者自身で投資可能なレベルなのかそうでないのかを検討する。さらに、エコシステムに参加するうえでの、補完者グループ共通の課題と、各グループ特有の課題を確認する。そして、それらに対する対策を検討する。特に、**多くの補完者グループにわたって変化が生じるものであり、またその解決が補完者単独では難しいと考えられる要素は、ハブ企業がサポートできる仕組みを用意しておくことが望ましい**。

11-5……成功させるための戦略を考える

検討事項の最後の項目として、自社がエコシステムを開始するにあたっての戦略を整理する。ここでは第4章で説明した内容を基にしてエコシステムの立ち上げ期、拡大期における戦略を検討する。

◆立ち上げ期

エコシステムの立ち上げ期において考慮すべき点は、どのようにして参加者を増やし、スタートダッシュに成功するかということである。ここでは3つの検討事項を提示する。

一点目は、**エコシステムの参加障壁をどのようにして小さくするか**ということである。補完者に対しては、手間にならないシンプルな契約方法、既存ビジネスを補完財ビジネスに変換させるための手厚いサポートを行うといったことが挙げられる。購買者に対しては、アイデンティティを明確にして、該当する購買者グループへの明確なメッセージを打ち出すこと、またエコシステムの正統性を高めるために、ブランド力の高い補完者をエコシステムに引き込むことも重要となる。

二点目は、立ち上げ期において、**コア（とプラットフォーム）を採算度外視で補完者と購買者の両方に提供する**ことについてである。ネットワーク効果がエコシステムにおける参加時の期待利得に影響する以上、初期に参加する補完者と購買者にとっては、ハブ企業から見れば採算度外視の価格設定でも、安すぎるということは無い。初期の格安参加価格を設定するとともに、**11-3節**で検討した標準価格への将来的な移行計画を策定する。

三点目は、自社が**補完者に成功のストーリーを見せる方法を考える**ことである。これは、提供するコアモジュールと活用した革新的なビジネスの成功例を、潜在的な補完者候補に披露することで、エコシステムへの参加を促進するために実施する。このストーリー作成は自社で実現できるならそれでもいいが、補完財モジュールの部分で自社の開発力がそれほど高くないようであれば、優れた開発能力を持つ補完者候補企業と協力関係になり、代わりに実施してもらうことも有効である。

◆拡大期

拡大期の戦略とは裏を返せば、「軌道に乗ったエコシステムを衰退・崩壊させない、持続的な成長と維持を担保するための戦略」と言い換えることもできる。これにならって、ここでの主な検討事項は以下の３つである。

第一に、エコシステムに参加した補完者と購買者の参加を継続させる方法を検討する。例えば、補完者が新しい方向の補完財開発を促進できるような方策を考える。また、購買者がこれまでには選択しなかった補完財を試してみることができる仕組みを設計する。具体的には、プラットフォームによる補完者と購買者のマッチングの仕組みを工夫したり、補完財の推薦システムを検討したりすることができる。

第二に、コアの継続的な発展戦略を考える。コアの各要素を性能レベルに落とし込み、それぞれの発展に関する研究開発計画を策定する。また、初期設計におけるコアの要素だけでなく、将来的な機能の拡張可能性についても検討して整理する。

第三に、エコシステムが背後の要素のボトルネックによって、その発展が阻害されないかを検討する。ここではエコシステムの生産・流通の面から、現状の体制における限界生産・流通量を推定するとともに、ボトルネックを特定する。そして、エコシステムが拡大するまでに、ボトルネックを解消するための計画を策定する。

おわりに

本書の内容は、これまでの筆者のおよそ10年にわたるエコシステムに関する研究から得た知見から成り立つものである。これまで筆者は、研究活動を行って得た研究成果について、基本的に英語で論文を執筆し発表を行ってきた。これは、英語で論文を書くことで、(日本語で書くよりも) より多くの人々に研究成果を届けることができると、考えているためである。しかし、本書はあえて日本語で執筆した。これは、日本におけるエコシステム研究の発展、そして日本におけるエコシステム・ビジネスの拡大に貢献したい一心ゆえである。ここまでで説明したように、エコシステムの構築は、ある要素をベースとして大規模な市場を構築し得る手段の１つである。また、プラットフォームを基盤としたビジネスエコシステムであるプラットフォームエコシステムは、現在の世界において、最も成功しているビジネスの形態の１つと筆者は考えている。一方で、テレビゲームやアニメ等のコンテンツ産業といった一部の領域を除いて、世界的に成功したエコシステムは、日本からはほとんど出現していない。そのため日本でもっとエコシステムの考え方が知られ、それを実現する企業が増えることは、非常に重要であると筆者は考えている。そのためには研究と実務の両面でエコシステムへの理解が進み、エコシステムに関する取り組みが増加していく必要があると考えている。本書がそういったエコシステム分野の拡大に少しでも貢献できれば、筆者として本望に思う。

また、経営学の研究において、「あるエコシステムが大成功した理由を明らかにする」または「あるエコシステムが大失敗した理由を明らかにする」といった研究は、比較的簡単である。これは、過去のデータを細かく分析し、理由を見つければ良いからである。しかし、そういった研究方法では、成功の詳細なプロセスや小さい諸要素については、目が向けられないことが多い。そのため、成功するエコシステムの設計方法を明らかにするには、実際にエコシステムの設計・構築を目指す企業と一緒にエコシステムの構築のお手伝いをしつつ、その過程を観察して研究成果とするアプローチが必要となってくる。こういった研究の蓄積はこれまで世界的に不十分であり、更なる知見の積み重ねが求められている。そのため本書を読んで自社でのエコシステムの構築に興味を持った方は、ぜひ一緒にエコシステムを生み出すための仕事をさせてほしいと考えている。エコシステムに興味がある経営者や社内企業家の方は、ぜひ一度お話しをさせていただければ幸いである。

最後に、本書の執筆においてお世話になった方々への謝辞を述べたい。まず、エコシステムの研究実例で紹介した研究成果に関する4報の原著論文において、本書への掲載をご承諾いただいた、東京工業大学の辻本将晴 先生、明治大学の橋本雅隆 先生、産業技術総合研究所の竹中毅 氏、富士通フロンテック株式会社の笠作貴弥 氏、集貝忠文 氏、荒井亮平 氏に、あらためてお礼申し上げる。また、本書の草案をご確認いただき校正にご協力いただいた、富士通フロンテック株式会社の笠作貴弥 氏、東京工業大学大学院生時代の後輩にあたる徳川博久 氏、久保田修年 氏、広島大学大学院における教え子である唐睿陽 氏、周瀟霄 氏、そして法政大学経済学部のゼミ生である奥寺花怜 氏、森飛雄 氏、永田健人 氏、濱田あさみ 氏、佐賀陽 氏、栗原貫太 氏、樺山優澄 氏に、深く感謝を申し上げる。千倉書房の岩澤孝 氏には、本書の出版の機会をいただき、そして本書の内容や構成にアドバイスをいただいた。改めて感謝を申し上げる。また、筆者と岩澤 氏とを繋いでいただき、本書執筆の機会を生んでいただいた広島修道大学の中園宏幸 先生には、この場を借りてお礼の言葉を述べさせていただきたい。

加えて、本書は学術系クラウドファンディングサイト「academist（アカデミスト）」を利用して出版費用を募り、その資金を元にして出版が実現したものである。特に多大なご支援をいただいた方々のお名前（ご登録情報）を、ご支援いただいた順に、ここで挙げさせていただきたく思う。斎藤寛彰 様、笠作貴弥 様、竹内友博 様、會澤裕貴 様、吉田未来 様、柏原貴之 様、粟野晴夫 様、深澤幸村 様、Kazue Matsumoto 様、田崎舞 様、野崎篤志 様、木川大輔 様、内田彬浩 様、坂岡拓哉 様、岡田洋己 様、Shinsuke Mizukami 様、吉岡（小林）徹 様、村上有希 様、高尾義明 様、RShibato 様、永田一将 様、井上知

佳子 様、岩尾俊兵 様、武藤ゆみ子 様、川口康平 様、宮下修人 様、Haruka Ohuchi Ph.D. 様、野元伸一郎 様、Taiki Mouri 様、三浦孝夫 様、皆さまの多大なるご支援に、あらためて感謝の気持ちを申し上げさせていただきたく思います。このたびは、まことにありがとうございました。

最後に、研究活動を支えてくれている妻、ならびに親族に感謝の言葉を述べて、本書を締めくくりたい。

2024年 4 月

井上祐樹

参考文献

Adner, R. (2002). When are technologies disruptive? a demand-based view of the emergence of competition. *Strategic Management Journal, 23* (8), 667–688.

Adner, R. (2006). Match your innovation strategy to your innovation ecosystem. *Harvard Business Review, 84* (4), 98–107.

Adner, R. (2017). Ecosystem as structure: An actionable construct for strategy. *Journal of Management, 43* (1), 39–58.

Almirall, E., & Casadesus-Masanell, R. (2010). Open versus closed innovation: a model of discovery and divergence. *Academy of Management Review, 35* (1), 27–47.

Andriopoulos, C., & Lewis, M. W. (2009). Exploitation-exploration tensions and organizational ambidexterity: managing paradoxes of innovation. *Organization Science, 20* (4), 696–717.

Anthony, S. (2008). Nintendo Wii's growing market of "nonconsumers." Harvard Business Review. blog. available at https://hbr.org/2008/04/nintendo-wiis-growing-market-o/ (accessed at 7 Jun. 2023).

Armstrong, M. (2006). Competition in two-sided markets. *Rand Journal of Economics, 37* (3), 668–691.

Autio, E., & Thomas, L. D. W. (2014). Innovation ecosystems: Implications for innovation management?. The Oxford Handbook of Innovation Management, Edited by Mark Dodgson, David M. Gann, and Nelson Phillips.

Barlow, M. A., Verhaal, J. C., & Angus, R. W. (2019). Optimal distinctiveness, strategic categorization, and product market entry on the Google Play app platform. *Strategic Management Journal, 40* (8), 1219–1242.

Boero, R., & Squazzoni, F. (2005). Does empirical embeddedness matter? Methodological issues on agent-based models for analytical social science. *Journal of Artificial Societies and Social Simulation, 8,* 1–6.

Bogers, M., Zobel, A. K., Afuah, A., Almirall, E., Brunswicker, S., Dahlander, L., Frederiksen, L., Gawer, A., Gruber, M., Haefliger, S., Hagedoorn, J., Hilgers, D., Laursen, K., Magnusson, M. G., Majchrzak, A., McCarthy, I. P., Moeslein, K. M., Nambisan, S., Piller, F. T., Radziwon, A., Rossi-Lamastra, C., Sims, J., & Ter Wal, A. L.

J. (2017). The Open innovation research landscape: Established perspectives and emerging themes across different levels of analysis. *Industry and Innovation, 24* (1), 8-40.

Boley, H., & Chang, E. (2007). Digital Ecosystems: Principles and Semantics. *Proceedings of 2007 Inaugural IEEE-IES Digital EcoSystems and Technologies Conference.*

Boudreau, K. (2010). Open platform strategies and innovation: granting access vs. devolving control. *Management Science, 56* (10), 1849-1872.

Boudreau, K. J. (2012). Let a thousand flowers bloom? An early look at large numbers of software app developers and patterns of innovation. *Organization Science, 23* (5), 1409-1427.

Brenk, S., Lüttgens, D., Diener, K., & Piller, F. (2019). Learning from failures in business model innovation: Solving decision-making logic conflicts through intrapreneurial effectuation. *Journal of Business Economics, 89* (8-9), 1097-1147.

Buttle, F., & Burton, J., 2002. Does service failure influence customer loyalty?. *Journal of Consumer Behaviour, 1* (3), 217-227.

Camelo-Ordaz, C., Fernández-Alles, M., Ruiz-Navarro, J., & Sousa-Ginel, E. (2012). The intrapreneur and innovation in creative firms. *International Small Business Journal: Researching Entrepreneurship, 30* (5), 513-535.

Ceccagnoli, M., Forman, C., Huang, P., & Wu, D. J. (2012). Cocreation of value in a platform ecosystem: The case of enterprise software. *MIS Quarterly, 36* (1), 263-290.

Cenamor, J., & Frishammar, J. (2021). Openness in platform ecosystems: innovation strategies for complementary products. *Research Policy, 50* (1), 104148.

Cenamor, J., Rönnberg Sjödin, D., & Parida, V. (2017). Adopting a platform approach in servitization: Leveraging the value of digitalization. *International Journal of Production Economics, 192*, 54-65.

Cenamor, J., Usero, B., & Fernández, Z. (2013). The role of complementary products on platform adoption: evidence from the video console market. *Technovation, 33* (12), 405-416.

Cennamo, C. (2021). Competing in digital markets: A platform-based perspective. *Academy of Management Perspectives, 35* (2), 265-291.

Cennamo, C., & Santaló, J. (2013). Platform competition: strategic trade-offs in platform markets. *Strategic Management Journal, 34* (11), 1331-1350.

Cennamo, C., & Santaló, J. (2019). Generativity tension and value creation in platform ecosystems. *Organization Science, 30* (3), 617-641.

Cennamo, C., Ozalp, H., & Kretschmer, T. (2018). Platform architecture and quality trade-offs of multihoming complements. *Information Systems Research, 29* (2), 461-478.

Chang, M.H., & Harrington, J.E. (2000). Centralization vs. decentralization in a multi-unit organization: A computational model of a retail chain as a multi-agent adaptive system. *Management Science, 46*, 1427-1440.

Chen, J., Yin, X., Mei, L. (2018). Holistic innovation: an emerging innovation paradigm. *International Journal of Innovation Studies, 2* (1), 1-13.

Chen, L., Yi, J., Li, S., & Tong, T. W. (2022). Platform governance design in platform ecosystems: Implications for complementors' multihoming decision. *Journal of Management*, 48 (3), 630-656.

Chesbrough, H., & Bogers. M. (2014). Explicating open innovation: clarifying an emerging paradigm for understanding innovation. In H. Chesbrough, W. Vanhaverbeke, and J. West (Ed.). *New Frontiers in Open Innovation* (pp. 3-28). Oxford: Oxford University Press.

Choi, G., Nam, C., & Kim, S. (2019). The impacts of technology platform openness on application developers' intention to continuously use a platform from an ecosystem perspective. *Telecommunications Policy, 43* (2), 140-153.

Christensen, C. M., McDonald, R., Altman, E. J., & Palmer, J. E. (2018). Disruptive innovation: an intellectual history and directions for future research. *Journal of Management Studies, 55* (7), 1043-1078.

Clements, M. T., & Ohashi, H. (2005). Indirect network effect and the product cycle: Video games in the U.S., 1994-2002. *Journal of Industrial Economics, 53* (4), 515-542.

Corts, K., & Lederman, M. (2009). Software exclusivity and the scope of indirect network effects in the U.S. home video game market. *International Journal of Industrial Organization, 27* (2), 121-136.

Daiberl, C. F., Oks, S. J., Roth, A., Möslein, K. M., & Alter, S. (2019). Design principles for establishing a multi-sided open innovation platform: Lessons learned from an action research study in the medical technology industry. *Electronic Markets, 29* (4), 711-728.

Davis, K. S. (1999). Decision criteria in the evaluation of potential intrapreneurs. *Journal of Engineering and Technology Management, 16* (3-4), 295-327.

Dziallas, M., & Blind, K. (2019). Innovation indicators throughout the innovation process: an extensive literature analysis. *Technovation*, 80-81, 3-29.

Eckhardt, J. T., Ciuchta, M. P., & Carpenter, M. (2018). Open innovation, information, and entrepreneurship within platform ecosystems. *Strategic Entrepreneurship Journal, 12* (3), 369-391.

Edison, H., bin Ali, N., & Torkar, R. (2013). Innovation measurement in the software industry. *Journal of Systems and Software, 86* (5), 1390-1407.

Edwards-Schachter, M. (2018). The nature and variety of innovation. *International Journal of Innovation Studies, 2* (2), 65-79.

Eisenmann, T. R. (2007). Winner-take-all in networked markets. Harvard Business School Background Note, *806-131*, 1-15.

Eisenmann, T. R., Parker, G., & Alstyne, M. W. V. (2006). Strategies for two sided markets. *Harvard Business Review, 84* (10), 92-101.

Frank, R. H., & Cook, P. J. (1995). The Winner-Take-All Society: Why the Few at the Top Get So Much More than the Rest of US. New York: Penguin Books.

Fürstenau, D., Auschra, C., Klein, S., & Gersch, M. (2019). A process perspective on platform design and management: Evidence from a digital platform in health care. *Electronic Markets, 29* (4), 581-596.

Ganco, M. & Agarwal, R. (2009). Performance differentials between diversifying entrants and entrepreneurial start-ups: A complexity approach. *Academy of Management Review, 34*, 228-252.

Gawer, A. (2014). Bridging differing perspectives on technological platforms: Toward an integrative framework. *Research Policy, 43* (7), 1239-1249.

Gawer, A., & Cusumano, M. A. (2014). Industry platforms and ecosystem innovation. *Journal of Product Innovation Management, 31* (3), 417-433.

Gawer, A. (2021). Digital platforms' boundaries: the interplay of firm scope, platform sides, and digital interfaces. *Long Range Planning, 54* (5), 102045.

Gorman, P. O. (2008). Wii: creating a blue ocean the Nintendo way. *Palermo Business Review, 2*, 97-108.

Gretz, R. T., Malshe, A., Bauer, C., & Basuroy, S. (2019). The impact of superstar and non-superstar software on hardware sales: the moderating role of hardware lifecycle. *Journal of the Academy of Marketing Science, 47* (3), 394-416.

Gupta, A. K., Smith, K. G., & Shalley, C. E. (2006). The interplay between exploration and exploitation. *Academy of Management Journal, 49* (4), 693-706.

Haans, R. F. J. (2019). What's the value of being different when everyone is? The effects of distinctiveness on performance in homogeneous versus heterogeneous categories. *Strategic Management Journal, 40* (1), 3-27.

Hagiu, A., & Wright, J. (2015). Multi-sided platforms. *International Journal of Industrial Organization, 43*, 162-174.

Harrison, J. R., Lin, Z., Carroll, G. R., & Carley, K. M. (2007). Simulation modeling in organizational and management research. *Academy of Management Review, 32* (4), 1229-1245.

Hein, A., Schreieck, M., Wiesche, M., Böhm, M., & Krcmar, H. (2019). The emergence of native multi-sided platforms and their influence on incumbents. *Electronic Markets, 29* (4), 631-647.

Honig, B. (2001). Learning strategies and resources for entrepreneurs and intrapreneurs. *Entrepreneurship Theory and Practice, 26* (1), 21-34.

Hukal, P., Henfridsson, O., Shaikh, M., & Parker, G. (2020). Platform signaling for generating platform content. *MIS quarterly, 44* (3), 1177-1205.

Huotari, P., Järvi, K., Kortelainen, S., & Huhtamäki, J. (2017). Winner does not take all: selective attention and local bias in platform-based markets. *Technological Forecasting and Social Change, 114,* 313-326.

Iansiti, M., & Levien, R. (2004). The Keystone Advantage: What the New Dynamics of Business Ecosystems Mean for Strategy, Innovation, and Sustainability. Boston: Harvard Business Review Press.

Inoue, Y., & Tsujimoto, M. (2018a). New market development of platform ecosystems: A case study of the Nintendo Wii. *Technological Forecasting and Social Change, 136,* 235-253.

Inoue, Y., & Tsujimoto, M. (2018b). Genres of complementary products in platform-based markets: Changes in evolutionary mechanisms by platform diffusion strategies. *International Journal of Innovation Management, 22* (1), 1850004.

Inoue, Y, Takenaka, T, Kasasaku, T, Tamegai, T, & Arai, R. (2023). How to design platform ecosystems by intrapreneurs: Implications from action design research on IoT-based platform. *Electronic Markets, 33,* 9.

Inoue, Y. (2020). The effects of using existing brands in platform ecosystems. *Academy of Management Proceedings, 2020* (1).

Inoue, Y. (2021). Indirect innovation management by platform ecosystem governance and positioning: Toward collective ambidexterity in the ecosystems. *Technological Forecasting and Social Change, 166,* 120652.

Inoue, Y., Hashimoto, M., & Takenaka, T. (2019). Effectiveness of ecosystem strategies for the sustainability of marketplace platform ecosystems. *Sustainability, 11* (20), 5866.

Inoue, Y, Takenaka, T, & Takahashi, H. (2018). Effect of service recommendation methods on platform ecosystem development. *Proceedings of the ICSSI2018/ICServ2018.*

Inoue, Y, Takenaka, T, & Kurumatani K. (2019). Sustainability of service intermediary platform ecosystems: analysis and simulation of Japanese hotel booking platform-based markets. *Sustainability, 11* (17), 4563.

Jacobides, M. G., Cennamo, C., & Gawer, A. (2018). Towards a theory of ecosystems. *Strategic Management Journal, 39* (8), 2255-2276.

Jansen, J. J. P., Van den Bosch, F. A. J., & Volberda, H. W. (2005). Exploratory innovation, exploitative innovation, and ambidexterity: the impact of environmental and organizational antecedents. *Schmalenbach Business Review, 57* (4), 351-363.

Jansen, J. J. P., Van den Bosch, F. A. J., & Volberda, H. W. (2006). Exploratory innovation, exploitative innovation, and performance: effects of organizational antecedents and environmental moderators. *Management Science, 52* (11), 1661-1674.

Kamalaldin, A., Linde, L., Sjödin, D., & Parida, V. (2020). Transforming provider-customer relationships in digital servitization: A relational view on digitalization. *Industrial Marketing Management, 89*, 306-325.

Katz, M.L. and Shapiro, C., 1985. Network externalities, competition, and compatibility. *American Economic Review, 75* (3), 424-440.

Kiesling, E., Günther, M., Stummer, C., & Wakolbinger, L.M. (2012). Agent-based simulation of innovation diffusion: A review. *Central European Journal of Operations Research, 20*, 183-230.

Kim, W.C. and Mauborgne, R., 2005. *Blue Ocean Strategy: How to Create Uncontested Market Space and Make the Competition Irrelevant.* Boston: Harvard Business Review Press.

Kohtamäki, M., Parida, V., Oghazi, P., Gebauer, H., & Baines, T. (2019). Digital servitization business models in ecosystems: A theory of the firm. *Journal of Business Research, 104*, 380-392.

Krishnan, V., & Gupta, S. (2001). Appropriateness and impact of platform-based product development. *Management Science, 47* (1), 52-68.

Landsman, V., & Stremersch, S. (2011). Multihoming in two-sided markets: an empirical inquiry in the video game console industry. *Journal of Marketing, 75* (6), 39-54.

March, J. G. (1991). Exploration and exploitation in organizational learning. *Organization Science, 2* (1), 71-87.

Marchand, A., & Hennig-Thurau, T. (2013). Value creation in the video game industry: industry economics, consumer benefits, and research opportunities. *Journal of Interactive Marketing, 27* (3), 141-157.

Markides, C. (2012). How disruptive will innovations from emerging markets be? *MIT Sloan Management Review, 54* (1), 23-25.

Martiarena, A. (2013). What's so entrepreneurial about intrapreneurs? *Small Business Economics, 40* (1), 27-39.

McIntyre, D. P., & Srinivasan, A. (2017). Networks, platforms, and strategy: Emerging views and next steps. *Strategic Management Journal, 38* (1), 141-160.

Menzel, H. C., Aaltio, I., & Ulijn, J. M. (2007). On the way to creativity: Engineers as intrapreneurs in organizations. *Technovation, 27* (12), 732-743.

Meyer, M. H., & Lopez, L. (1995). Technology strategy in a software products company. *Journal of Product Innovation Management, 12* (4), 294-306.

Meyer, M. H., & Seliger, R. (1998). Product platforms in software development. *MIT Sloan Management Review, 40* (1), 61-74.

Moore, J.F. (1993). Predators and prey: A new ecology of competition. *Harvard Business Review, 71* (3), 75-86.

Moore, J.F. (1996). *The Death of Competition: Leadership & Strategy in the Age of Business Ecosystems*. New York: Harper Collins Publishers.

Muffatto, M., & Roveda, M. (2000). Developing product platforms: Analysis of the development process. *Technovation, 20* (11), 617-630.

Nishino, N., Okazaki, M., & Akai, K. (2018). Effects of ability difference and strategy imitation on cooperation network formation: A study with game theoretic modeling and multi-agent simulation. *Technological Forecasting and Social Change, 136*, 145-156.

O'Mahony S., & Karp R. (2022). From proprietary to collective governance: how do platform participation strategies evolve? *Strategic Management Journal, 43* (3), 530-562.

Opresnik, D., & Taisch, M. (2015). The value of Big Data in servitization. *International Journal of Production Economics, 165*, 174-184.

Otto, B., & Jarke, M. (2019). Designing a multi-sided data platform: Findings from the International Data Spaces case. *Electronic Markets, 29* (4), 561-580.

Paschou, T., Rapaccini, M., Adrodegari, F., & Saccani, N. (2020). Digital servitization in manufacturing: A systematic literature review and research agenda. *Industrial Marketing Management, 89*, 278-292.

Patvardhan, S.D., Gioia, D.A., & Hamilton, A.L. (2015). Weathering a meta-level identity crisis: Forging a coherent collective identity for an emerging field. *Academy of Management Journal, 58* (2), 405-435.

Rietveld, J., & Schilling, M. A. (2021). Platform competition: A systematic and interdisciplinary review of the literature. *Journal of Management*, 47 (6), 1528-1563.

Robertson, D., & Ulrich, K. (1998). Planning for product platforms. *MIT Sloan Management Review, 39* (4), 19-31.

Rochet, J. C., & Tirole, J. (2003). Platform competition in two-sided markets. *Journal of the European Economic Association, 1* (4), 990-1029.

Rochet, J. C., & Tirole, J. (2006). Two-sided markets: A progress report. *RAND Journal of Economics, 37* (3), 645-667.

Ruutu, S., Casey, T., & Kotovirta, V. (2017). Development and competition of digital service platforms: A system dynamics approach. *Technological Forecasting and Social Change, 117*, 119-130.

Scholten, S., & Scholten, U. (2012). Platform-based innovation management: Directing external innovational efforts in platform ecosystems. *Journal of the Knowledge Economy, 3* (2), 164-184.

Sein, M. K., Henfridsson, O., Purao, S., Rossi, M., & Lindgren, R. (2011). Action design research. *MIS Quarterly, 35* (1), 37-56.

Shi, X., Li, F., & Chumnumpan, P. (2021). Platform development: Emerging insights from a nascent industry. *Journal of Management*, 47 (8), 2037-2073.

Sklyar, A., Kowalkowski, C., Tronvoll, B., & Sörhammar, D. (2019). Organizing for digital servitization: A service ecosystem perspective. *Journal of Business Research, 104*, 450-460.

Song, P., Xue, L., Rai, A., & Zhang, C. (2018). Software platform ecosystem: a study of asymmetric cross-side network effects and platform governance. *MIS Quarterly, 42* (1). 121-142.

Stadler, C., Rajwani, T., Karaba, F. (2014). Solutions to the exploration/exploitation dilemma: networks as a new level of analysis. *International Journal of Management Reviews, 16* (2), 172-193.

Stam, E., & Spigel, B. (2017). Entrepreneurial ecosystems. In R. Blackburn, D. De Clercq, J. Heinonen, & Z. Wang (Eds.), The SAGE Handbook of Smal l Business and Entrepreneurship. London.

Subramanian, A. M., Chai, K. H., & Mu, S. (2011). Capability reconfiguration of incumbent firms: Nintendo in the video game industry. *Technovation, 31* (5-6), 228-239.

Taeuscher, K., & Rothe, H. (2020). Optimal distinctiveness in platform markets: leveraging complementors as legitimacy buffers. *Strategic Management Journal, 42* (2), 435-461.

Tellis, G. J. (2006). Disruptive Technology or Visionary Leadership? *Journal of Product Innovation Management, 23* (1), 34-38.

Thomas, L. D. W., & Ritala, P. (2021). Ecosystem legitimacy emergence: A collective action view. *Journal of Management, 48* (3), 515-541.

Thomas, L. D. W., Autio, E., & Gann, D. M. (2014). Architectural leverage: Putting platforms in context. *Academy of Management Perspectives, 28* (2), 198-219.

Tiwana, A., Konsynski, B. R., & Bush, A. A. (2010). Research commentary—platform evolution: coevolution of platform architecture, governance, and environmental dynamics. *Information Systems Research, 21* (4), 675-687.

Tobin, S. (2012). Time and space in play: saving and pausing with the Nintendo DS. *Games and Culture, 7* (2), 127-141.

Tschang, F. T. (2007). Balancing the tensions between rationalization and creativity in the video games industry. *Organization Science, 18* (6), 989-1005.

Tsujimoto, M., Kajikawa, Y., Tomita, J., & Matsumoto, Y. (2018). A review of the ecosystem concept: Towards coherent ecosystem design. *Technological Forecasting and Social Change, 136*, 49-58.

Vandermerwe, S., & Rada, J. (1988). Servitization of business: Adding value by adding services. *European Management Journal, 6* (4), 314-324.

Vargo, S.L. and Lusch, R.F. (2016) Institutions and axioms: an extension and update of service-dominant logic. *Journal of the Academy of Marketing Science, 44* (1), 5-23.

Vendrell-Herrero, F., Bustinza, O. F., Parry, G., & Georgantzis, N. (2017). Servitization, digitization and supply chain interdependency. *Industrial Marketing Management, 60*, 69-81.

Wareham, J., Fox, P. B., & Giner, J. L. (2014). Technology ecosystem governance. *Organization Science, 25* (4), 1195-1215.

Wen, W., & Zhu, F. (2019). Threat of platform-owner entry and complementor responses: evidence from the mobile app market. *Strategic Management Journal, 40* (9), 1336-1367.

Yong, A. G., & Pearce, S. (2013). A beginner's guide to factor analysis: Focusing on exploratory factor analysis. *Tutorials in Quantitative Methods for Psychology, 9* (2), 79-94.

Zhu, F., & Liu, Q. (2018). Competing with complementors: an empirical look at Amazon.com. *Strategic Management Journal, 39* (10), 2618-2642.

Zhu, F., & Iansiti, M. (2012). Entry into platform-based markets. *Strategic Management Journal, 33* (1), 88-106.

伊藤嘉浩. (2007). 新規事業開発の成功・失敗の要因分析：家庭用ゲーム機事業への新規参入の事例. *山形大学紀要. 社会科学 37* (2), 209-222.

井上理. (2009). 任天堂 “驚き”を生む方程式. 東京: 日本経済新聞出版社.

井上祐樹. (2017). プラットフォームエコシステムの発展・衰退に対する補完者の製品属性選択行動が及ぼす影響. 東京工業大学 博士論文.

井上祐樹, & 竹中毅. (2020). サービス仲介プラットフォームのエコシステム化実現への考察. *サービソロジー論文誌, 4* (1), 1-9.

井上祐樹, 竹中毅, & 車谷浩一. (2018). エージェントシミュレーションによるプラットフォームビジネスの有効性検証：宿泊仲介プラットフォームの利用料設定について. *BMA ジャーナル, 18* (2), 31-43.

井上祐樹, & 辻本将晴. (2016). プラットフォームエコシステムの世代発展における既存ブランド活用の影響. *BMA ジャーナル, 16* (2), 44-56.

小川純生. (2011). テレビゲーム機の変遷-ファミコン、スーパーファミコン、プレステ、プレステ2、Wii まで-. *経営論集* 77: 1-17.

主 要 事 項 索 引

サ

著者略歴

井上祐樹（いのうえ・ゆうき）
東京工業大学工学院准教授、博士（技術経営）

1990年生まれ。関西大学システム理工学部卒業、東京工業大学大学院総合理工学研究科修士課程修了、同大学院イノベーションマネジメント研究科博士課程修了。

産業技術総合研究所特別研究員、広島大学助教、法政大学准教授を経て、2023年より現職。

専門はイノベーション論、経営戦略論。

国際的学術誌を中心に数多くの論文を出版。

ビジネスエコシステム

概念の理解からデザインの実践まで

2024年6月20日　初版第1刷発行

著　者　井上祐樹
発行者　千倉成示
発行所　株式会社 千倉書房
〒104-0031 東京都中央区京橋3丁目7番1号
電話 03-3528-6901（代表）
https://www.chikura.co.jp/

印刷・製本　精文堂印刷株式会社

ISBN 978-4-8051-1320-2 C3034